Logisch! neu

Deutsch für Jugendliche

Testheft A1

von
Stefanie Dengler

Ernst Klett Sprachen

Stuttgart

Von
Stefanie Dengler

Redaktion:
Sabine Franke

Koordination:
Sabine Wenkums

Gestaltungskonzept und Layout:
Andrea Pfeifer

Umschlaggestaltung:
Andrea Pfeifer; Cover-Foto: ehrenberg-bilder – Fotolia.com

Zeichnungen:
Anette Kannenberg und Daniela Kohl

Satz und Litho:
Britta Petermeyer, SNOW, München

Quellen Fotos:
S. 6 Amerikaner, Finne: shutterstock.com, alle anderen: Fotolia; S. 9 SergiyN – iStock; S. 12 Mika: Fotolia, Sebastian, Monica: iStock, Kamil, Sarah, Irina: shutterstock.com, Ben: Fotolia; S. 15: Fotolia; S. 16: von li. o. im Uhrzeigersinn: Luminis – shutterstock.com, Frédéric Prochasson – Fotolia, sylv1rob1 – Fotolia, Anrey_Arkusha – Fotolia; S. 21: Langenscheidt Archiv; S. 24: A Monkey Business Images – iStock, B Roob – iStock, C Syda Productions – dreamstime, D wavebreakmedia – shutterstock.com, E Minerva Studio – shutterstock.com, F wavebreakmedia – shutterstock.com; S. 27: Syda Productions – Fotolia; S. 30: o.: Meike Birck, Mitte: Thomas Söllner – Fotolia, u.: Monkey Business Images – shutterstock.com; S. 31: OLI Studio – shutterstock.com; S. 34: stock shot – shutterstock.com; S. 39: von li.: Monkey Business Images – shutterstock.com, Jacek Chabraszewski – shutterstock.com, Goodluz – shutterstock.com, pio3 – shutterstock.com; S. 41: A Rudmer Zwerver – shutterstock.com, B bzyxx – Fotolia, C juefraphoto – Fotolia, D, E bst2012 – Fotolia, F fotogestoeber – Fotolia, G Goodluz – shutterstock.com;
S. 45: Andrey Kiselev – dreamstime; S. 48 o.: karepa – Fotolia, u. von li.: peterscode – iStock, bobmanley – iStock, ooyoo – iStock, DeepGreen – iStock; S. 51: Westend61 – imago stock, STPP – imago stock, imagebroker/begsteiger – imago stock, Kzenon – shutterstock.com; S. 52: o.: Ullstein, u.: mina92 – Fotolia

Logisch! neu – A1 – Materialien	
Kursbuch A1 mit Audios zum Download	605201
Arbeitsbuch A1 mit Audios zum Download	605202
Lehrerhandbuch A1 mit Video-DVD	605207
Intensivtrainer A1	605208
Testheft A1 mit Audio-CD	605209
Logisch! neu digital A1 mit interaktiven Tafelbildern	605210

Logisch! neu – A1 in Teilbänden	
Kursbuch A1.1 mit Audios zum Download	605203
Arbeitsbuch A1.1 mit Audios zum Download	605204
Kursbuch A1.2 mit Audios zum Download	605205
Arbeitsbuch A1.2 mit Audios zum Download	605206

Audios zum Testheft:
Aufnahme und Schnitt: Christoph Tampe
Regie: Sabine Wenkums
Produktion: Plan 1, München
Sprecherinnen und Sprecher: Ulrike Arnold, Marco Diewald, Sarah Diewald, Clara Gerlach, Carlotta Immler, Maxim Kursakov, Wilma Rieder, Leyla Sperling, Helge Sturmfels, Peter Veit, Sabine Wenkums

Audio-Dateien zum Download unter www.klett-sprachen.de/logisch-neu/audiosA1
Code: logNeu1q&C5

Besuchen Sie uns auch im Internet: www.klett-sprachen.de/logisch-neu

1. Auflage 1   5 4 3 | 2020 19 18

© Ernst Klett Sprachen GmbH, Rotebühlstraße 77, 70178 Stuttgart, 2017
© der Orginalausgabe: Klett-Langenscheidt GmbH, München, 2016
Das Werk und seine Teile sind urheberrechtlich geschützt. Jede Verwertung in anderen als den gesetzlich zugelassenen Fällen bedarf deshalb der vorherigen schriftlichen Einwilligung des Verlags. Vervielfältigung zu Unterrichtszwecken gestattet.

Druck und Bindung: Elanders GmbH, Waiblingen

ISBN 978-3-12-605209-2

Inhalt

Symbole und Prüfungen im Testheft 4
Einleitung 5

Kapitel 1 6
Kapitel 2 9
Kapitel 3 12
Kapitel 4 15

Kapitel 5 18
Kapitel 6 21
Kapitel 7 24
Kapitel 8 27

Kapitel 9 30
Kapitel 10 33
Kapitel 11 36
Kapitel 12 39

Kapitel 13 42
Kapitel 14 45
Kapitel 15 48
Kapitel 16 51

Lösungen 54

Transkripte der Audios finden Sie im Internet: www.klett-sprachen.de/logisch-neu

Symbole und Prüfungen im Testheft

Symbole im Testheft

Das bedeuten die Symbole im Testheft:

  Für diese Aufgabe braucht man die CD oder den Audio-Download. Die Tracknummer zeigt, welche Audio-Datei man braucht.

Fit Prüfungstraining: Diese Aufgabe ist wie eine Aufgabe aus der Prüfung Fit in Deutsch 1.

KID Prüfungstraining: Diese Aufgabe ist wie eine Aufgabe aus der Prüfung KID A1.

5 x 1 = 5 5 x 1 Punkt = 5 Punkte maximal
____/5 Hier wird eingetragen, wie viele Punkte man erreicht.

Prüfungen im Testheft

Hier stehen die Aufgaben zu allen Prüfungsteilen von Fit in Deutsch 1 und KID A1:

Prüfung Fit in Deutsch 1

Kapitel 5	Seite 18	Hören (Teil 1)	Drei Nachrichten am Telefon
Kapitel 6	Seite 23	Schreiben	Antwort auf eine E-Mail
Kapitel 7	Seite 26	Sprechen (Teil 3)	Bitten, Aufforderungen und Fragen äußern und darauf reagieren
Kapitel 9	Seite 30	Lesen (Teil 2)	Zwei Kurztexte über Jugendliche
Kapitel 11	Seite 36	Hören (Teil 2)	Zwei Gespräche
Kapitel 11	Seite 38	Sprechen (Teil 1)	Sich vorstellen
Kapitel 13	Seite 43	Lesen (Teil 1)	Zeitungsanzeigen
Kapitel 15	Seite 50	Sprechen (Teil 2)	Fragen stellen und auf Fragen antworten

Prüfung KID A1

Kapitel 7	Seite 24	Hören (Teil 1)	Fünf Situationen
Kapitel 8	Seite 29	Schreiben	Persönlicher Brief mit fünf Leitfragen
Kapitel 10	Seite 34	Lesen (Teil 1)	Steckbrief: Fragen und Antworten
Kapitel 10	Seite 35	Sprechen (Teil 1)	Sich vorstellen
Kapitel 12	Seite 39	Hören (Teil 2)	Nachricht auf Anrufbeantworter
Kapitel 12	Seite 41	Sprechen (Teil 2)	Etwas gemeinsam organisieren
Kapitel 14	Seite 46	Lesen (Teil 2)	Bildergeschichte und Text
Kapitel 15	Seite 48	Hören (Teil 3)	Fünf Kurzinterviews
Kapitel 16	Seite 52	Lesen (Teil 3)	Artikel aus Jugendmagazin als Lückentext

Einleitung

Mit diesem Testheft können alle Inhalte aus **Logisch! neu A1** noch einmal intensiv geübt und getestet werden. Das Testheft richtet sich
- an Lehrende, die im Anschluss an ein Kapitel im Unterricht den Leistungsstand der Schülerinnen und Schüler mit einem Test ermitteln möchten,
- an Schülerinnen und Schüler, die mit Tests eigenständig ihren Lernstand feststellen möchten.

Jedes Kapitel ist ein Test. Der Test hat drei Seiten mit verschiedenen Aufgaben:
- Die Aufgaben zu den Audiodateien im Teil **Hören** trainieren das Hörverständnis. Alle Audiodateien befinden sich auf der CD. Man kann sie auch unter **www.klett-sprachen.de/logisch-neu/audiosA1** herunterladen.
  Die Transkripte der Hörtexte sind unter **www.klett-sprachen.de/logisch-neu** zu finden.
- Der Teil **Lesen** bietet Aufgaben zum Lesen und Verstehen von Texten. Dort finden sich Aufgaben zum Inhalt von Texten, aber auch zum Kapitelwortschatz und zu grammatischen Strukturen, die zum Verständnis von Lesetexten nötig sind.
- Im Teil **Schreiben** finden sich produktive und andere Schreibaufgaben.
- Ab Kapitel 3 gibt es außerdem Aufgaben zum **Sprechen**.

Es können insgesamt **50 Punkte** pro Kapitel gesammelt werden. Die in der Aufgabe erzielten Punkte werden am Ende jeder Aufgabe eingetragen. So kann genau überprüft werden, wie gut die Lernenden die Inhalte von A1 beherrschen und in welchen Bereichen noch geübt werden muss.

Ab Kapitel 5 werden die Aufgabenformate aus den **Prüfungen Fit in Deutsch 1** und **KID A1** geübt. Eine Übersicht findet sich auf Seite 4. Dort wird auch erklärt, was die **Symbole** bedeuten.

Die **Lösungen** für das Testheft befinden sich auf den Seiten 54–56.

Vollständige Modell-Tests zu den Prüfungen Fit in Deutsch 1 und KID A1 sind im Internet unter **http://www.klett-sprachen.de/downloads/testcenter/deutsch-als-fremdsprache/c-640** oder über den folgenden Code abrufbar:

Viel Spaß beim Testen und Üben!

1 TEST

Hören

1 Wer bist du? Hör das Gespräch und notiere die Informationen.

 Vorname: *Jonas*
Familienname: _____
Alter: _____ Jahre

 Vorname: _____
Familienname: *Neumann*
Alter: _____ Jahre

4 x 1 = 4
_____/4

2 a Das Alphabet. Welche Buchstaben hörst du? Markiere. Hör noch einmal und sprich nach.

6 x 0,5 = 3
_____/3

A B C D E F G H I J K L **M** N O P Q R S T U V W X Y Z

b Namen buchstabieren. Wie heißen die Personen? Hör die Buchstaben und notiere die Namen.

Italien   Finnland   Japan   USA   Polen

5 x 1 = 5
_____/5

1. *C*_____ 2. _____ 3. _____ 4. _____ 5. _____

3 a Zahlen. Hör die Zahlen und kreuze an.

1	2	3	4	5
6	7	8	9	10
11	12	13	~~14~~	15
16	17	18	19	20

5 x 0,5 = 2,5
_____/2,5

b Wie sind die Nummern richtig? Korrigiere.

1. Finn   0144 – 3~~9~~ 84 6~~3~~   *0144 – 38 84 62*
2. Laura   28 19 33   _____
3. Jonas   159 77 34   _____
4. Anna   0156 – 607 85 12   _____
5. Frau Huber   0181 – 75 46 38   _____

8 x 0,5 = 4
_____/4

Lesen

4 Meine Freundin Julia. Sind die Sätze 1 bis 3 richtig oder falsch? Kreuze an.

● Hallo, ich __heiße__ Alex. Und wer bist du?
○ Ich bin Nora. Das ist Julia. Sie ist meine Freundin.
● Und wie alt bist du, Nora?
○ Ich bin dreizehn Jahre alt. Und du, Alex, wie alt bist du?
● Ich bin zwölf Jahre alt.

	richtig	falsch
1. Julia ist die Freundin von Nora.	☐	☐
2. Nora ist elf Jahre alt.	☐	☐
3. Alex ist zwölf Jahre alt.	☐	☐

5 a Hallo und tschüs! Schreib die Wörter richtig.

1. TENGU GTA — _Guten Tag_
2. NEUGT BENAD — _____
3. SCHENTULGUNGDI — _____
4. GEUT CHTAN — _____
5. LICHHERZ KOMMWILLEN — _____
6. TUGEN GENROM — _____
7. UFA SEHWIEENDER — _____

b Was sagt man? Ordne zu.

A

1. Gute Nacht, Papa! _Bild_
2. Tschüs, Mama. _____
3. Hallo, Nadja! _____
4. Guten Morgen, Pia! _____
5. Guten Abend! _____
6. Guten Morgen, Kinder! _____

F

B

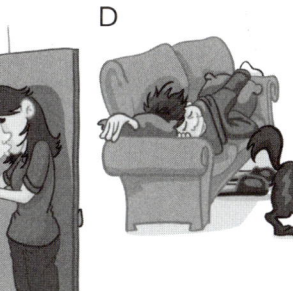

D

E

C

1

6 Welche Zahlen findest du? Markiere und schreib.

8 × 0,5 = 4

____/4

MA<u>SIEBEN</u>UNEINSTRAVIERCHOSECHSÖDEZWANZIGSTÄACHTPZEHNWEELFÜMERZWÖLF

sieben _____

Schreiben

7 Wie heißt die Zahl? Schreib die Zahlen.

8 × 1 = 8

____/8

10 _zehn_	5 _____	2 _____
12 _____	16 _____	17 _____
20 _____	0 _____	6 _____

8 a *Ich bin …* Schreib die Sätze richtig.

1. bin / ich / Nora / . _Ich_ _____
2. Familienname / mein / ist / Huber / . _____
3. Jahre / vierzehn / alt / ich / bin / . _____
4. mein / ist / Lukas / Freund / . _____
5. er / wie / heißt / ? _____

5 × 0,5 = 2,5

____/2,5

b Welche Frage passt? Schreib die fünf Fragen.

5 × 1 = 5

____/5

1. _Wie_ _____ – Ich heiße Pia.
2. _____ – Das ist Plato.
3. _____ – P - L - A - T - O.
4. _____ – Ich bin dreizehn Jahre alt.
5. _____ – Meine Telefonnummer ist 744 85 13.

____/50

TEST 2

Hören

1 Linda fragt Fabio. Hör das Gespräch. Welche Antwort ist richtig: A oder B? Kreuze an.

1. Wie heißt du?
   - [X] Fabio. [B] Finn.
2. Wie alt bist du?
   - [A] 13 Jahre.
   - [B] 14 Jahre.
3. Lernst du Englisch?
   - [A] Ja, Englisch ist toll.
   - [B] Nein, ich lerne Deutsch.
4. Ist das dein Handy?
   - [A] Ja.
   - [B] Nein.
5. Wie ist deine Telefonnummer?
   - [A] 0155 – 53 52 51.
   - [B] 0155 – 51 52 53.
6. Magst du Musik?
   - [A] Ja, ich mag Pop.
   - [B] Ja, ich mag Hiphop.
7. Kennst du Casper?
   - [A] Ja.
   - [B] Nein.

6 x 0,5 = 3
____/3

2 a Zahlen. Hör die Zahlen und notiere wie im Beispiel.

1. _23_ 3. ___ 5. ___ 7. ___
   dreiundzwanzig

2. ___ 4. ___ 6. ___ 8. ___

7 x 1 = 7
____/7

b Hör den Text von Selma. Was erzählt sie? Ordne die Zahlen zu.

> vier • ~~fünf~~ • achtzehn • sechsundfünfzig • zwölf • zweiunddreißig

1. Lehrerinnen _fünf_ 4. Schülerinnen _____
2. Lehrer _____ 5. Schüler _____
3. Stunden _____ 6. Freunde _____

5 x 1 = 5
____/5

neun 9

Lesen

3 a Ein Chat. Ergänze das Verb. Achte auf die richtige Form.

1. Hallo Fabio. Hier __ist__ (sein) Linda.

   Hallo Linda. _____ (gehen) du in meine Schule?

2. Nein, ich _____ (gehen) in die Sokrates-Schule.

   Ich _____ (lernen) Deutsch: 5 Stunden Deutsch pro Woche! Und du?

3. Deutsch und Englisch. Wie _____ (heißen) deine Deutschlehrerin?

   Sie _____ (heißen) Frau Huber. Sie ist cool. Sie _____ (haben) eine Band! Ich _____ (mögen) Frau Huber.

4. Und _____ (kennen) du eine deutsche Band?

   Ja, ich _____ (kennen) Cro. _____ (mögen) du Cro?

5. Na klar! _____ (haben) du eine CD von Cro?

   Nein, ich _____ (haben) keine CDs!

12 × 0,5 = 6
____/6

b Welche Verbform ist richtig? Kreuze an.

1. Das ☐ ist ☒ sind meine Katzen: Mimi und Minka.
2. Die Lehrerin ☐ heißt ☐ heiße Frau Müller.
3. Ich ☐ geht ☐ gehe in die Klasse 9b.
4. Mein Hund ☐ mag ☐ magst Musik.
5. Julia und Anna ☐ haben ☐ hat zwei Katzen.
6. ☐ Kenne ☐ Kennst du die Schulband?

5 × 0,5 = 2,5
____/2,5

4 Wie heißen die Schulsachen? Ordne zu. Ergänze den Artikel und den Plural.

1. __das__ Buch, __Bücher__ __G__
2. _____ Computer, _____ 5. _____ Rucksack, _____
3. _____ Brille, _____ 6. _____ Heft, _____
4. _____ Bleistift, _____ 7. _____ Handy, _____

18 × 0,5 = 9
____/9

2

5 Das ist meine Tasche. Ergänze *mein/meine* oder *dein/deine*.

1. Das ist _m_____ Rucksack.
2. Das sind _d_____ Hefte.
3. Das ist _d_____ Brille.
4. Das sind _m_____ Bleistifte.
5. Das ist _d_____ Handy.

5 x 0,5 = 2,5
_____/2,5

Schreiben

6 Fragen, Fragen! Schreib die Fragen und notiere deine Antwort.

1. Deutsch / lernst / du / ?   *Lernst du Deutsch?* — *Ja, ich lerne Deutsch.*
2. drei Lehrer / du / hast / ?   _____ — _____
3. das / dein / Handy / ist / ?   _____ — _____
4. Freunde / das / sind / deine / ?   _____ — _____
5. Pia / kennst / du / ?   _____ — _____

8 x 1 = 8
_____/8

7 Von wem ist das? Verbinde. Schreib Sätze zu den Sachen und Personen.

1. *Der Hund ist* _____
2. _____
3. _____
4. _____

4 x 1 = 4
_____/4

8 Eine Mail von Nora. Lies die Mail und schreib eine Antwort zu den sechs markierten Punkten.

Hallo!
Ich heiße Nora und bin dreizehn Jahre alt. Ich gehe in die Klasse 8b und lerne Englisch und Spanisch. Ich mag Musik und habe zwei Katzen. Und du?
Tschüs!
Nora

6 x 0,5 = 3
_____/3

_____/50

elf 11

3 TEST

Hören

1 a Ich komme aus ... Hör das Gespräch. Woher kommen die Personen? Notiere die Länder.

4 × 1 = 4

____/4

Mika   Sebastian   Monica   Kamil   Sarah

_____   *aus Österreich*   _____   _____   _____

b Hör das Gespräch von Mika und Sebastian. Woher kommen die Sachen? Kreuze an.

1. Die Schokolade von Mika ist aus ☒ Österreich ☐B der Schweiz.
2. Das Buch von Sebastian ist aus ☐A Österreich ☐B Japan.
3. Das Buch von Mika ist aus ☐A Deutschland ☐B Spanien.
4. Die CD von Sebastian ist aus ☐A Deutschland ☐B der Schweiz.
5. Die CDs von Mika sind aus ☐A Spanien ☐B Brasilien.
6. Der Fußball von Sebastian ist aus ☐A Spanien ☐B Brasilien.
7. Die Uhren von Mika und Sebastian sind aus ☐A der Schweiz ☐B Österreich.

6 × 0,5 = 3

____/3

Lesen

2 a Kontinente und Länder. Welche Länder haben einen Artikel? Kreuze an und notiere den Artikel.

1. ☐ ____ Österreich   4. ☐ ____ Finnland   7. ☐ ____ Deutschland
2. ☐ ____ Türkei   5. ☐ ____ Polen   8. ☐ ____ Ukraine
3. ☐ ____ Spanien   6. ☐ ____ Schweiz   9. ☐ ____ USA

9 × 0,5 = 4,5

____/4,5

b Lies die Texte und notiere die Informationen.

Mein Name ist Irina und ich komme aus der Ukraine. Ich wohne in Kiew, das ist die Hauptstadt. Ich bin zwölf Jahre alt und gehe in die Klasse 6a. Meine Schule heißt Gymnasium Nr. 3.

Ich heiße Ben und wohne in Sydney. Sydney ist in Australien. Ich habe einen Hund, er heißt Cracker. Cracker ist zehn Jahre alt, ich bin elf Jahre alt. Ich gehe in die Klasse 6d.

Land: _____   Land: _____

8 × 0,5 = 4

Stadt: _____   Stadt: _____

____/4

Klasse: _____ Wie alt: _____   Klasse: _____ Wie alt: _____

12   zwölf

3 Ein Chat. Ordne das Gespräch.

Mon1: Wow, in Wien! Ich kenne Wien! Wie ist deine Adresse? 5

Mon1: Ich komme aus Brasilien und wohne in Rio. Und du? ___

Sebi2020: Ich gehe auch in die Klasse 8a. ___

Mon1: Hallo. Ich bin neu hier. ___

Mon1: Deutsche Schule Rio. Ich gehe in die Klasse 8a. Und du? ___

Sebi2020: Hallo Mon1. Ich bin Sebi2020. Wo wohnst du? ___

Sebi2020: Ich wohne in Wien, das ist in Österreich. ___

Sebi2020: Mozart-Gymnasium. Und deine Schule? ___

Mon1: Goethestraße? Die kenne ich nicht. Wie heißt deine Schule? ___

Sebi2020: Goethestraße 20. ___

$9 \times 0{,}5 = 4{,}5$

____/4,5

4 a Lies die Sätze und markiere die richtige Form.

1. ● Ist das ein/eine/– Hund?
   ○ Nein, das ist kein/keine/– Hund. Das ist ein/eine/– Katze!

2. ● Und das? Ist das ein/eine/– Handy?
   ○ Ja. Und das ist ein/eine/– Computer.

 3. ● Was? Das ist doch kein/keine/– Computer! Das ist ein/eine/– Fotoapparat.

4. ● Sind das ein/eine/– Tennisbälle?
   ○ Vielleicht. Es sind kein/keine/– Fußbälle!

$11 \times 0{,}5 = 5{,}5$

____/5,5

 5. ● Und das, sind das ein/eine/– Bücher?
   ○ Nein, das sind kein/keine/– Bücher, das sind ein/eine/– Hefte.

b Welche elf Kontinente und Länder findest du? Markiere.

A	B	K	W	S	T	Ü	R	K	E	I	K
M	U	S	A	C	K	T	Z	F	U	A	E
E	H	A	F	R	I	K	A	B	R	S	N
R	S	I	T	A	L	I	E	N	O	I	I
I	J	A	P	A	N	V	C	Ö	P	E	A
K	D	E	U	T	S	C	H	L	A	N	D
A	M	A	U	S	T	R	A	L	I	E	N

$11 \times 0{,}5 = 5{,}5$

____/5,5

dreizehn 13

3

5 *aus* und *in*. Wähle das passende Wort und achte auf den Artikel.

1. Philipp kommt _aus der_ Schweiz. Nora ist _____ Deutschland. Sie wohnt _____ München, Philipp wohnt _____ Zürich.
2. Marc kommt _____ USA und wohnt _____ Los Angeles.
3. Teresa und Sofia kommen _____ Portugal. Sie wohnen _____ Lissabon.
4. Sebastian wohnt _____ Österreich, _____ Wien.
5. Österreich und Portugal sind _____ Europa.

Schreiben

6 a Wer ist in deinem Land berühmt? Schreib einen Text über die Person.

Meine Person:
- Name
- Land
- Wohnort
- Alter

Meine Person ... Er/Sie ist ... Jahre alt.

b Schreib Sätze zu den Bildern.

1. _Das ist kein Handy, das ist eine CD._
2. _____
3. _____
4. _____
5. _____
6. _____

Sprechen

7 Notiere zuerst deine Antworten. Hör dann die Fragen und sprich deine Antworten.

1. Wie heißt du? — Ich heiße ...
2. Wie alt bist du? — _____
3. Woher kommst du? — _____
4. Wo wohnst du? — _____
5. Wie ist deine Telefonnummer? — _____

TEST 4

Hören

1 Wer macht was? Hör das Gespräch und ordne zu.

 A  B  C  D  E  F

7 x 1 = 7
____/7

Luis: _Bild D,_____ Maria: _____ Thomas: _____ Frau Milan: _____

2 Hör das Interview mit Frau Milan. Richtig oder falsch? Kreuze an.

1. Frau Milan kommt aus [A] München. [X] Stuttgart.
2. Sie ist [A] verheiratet. [B] nicht verheiratet.
3. Sie hat [A] ein Kind. [B] zwei Kinder.
4. Frau Milan kann [A] kochen. [B] nicht kochen.
5. Die Telefonnummer von Frau Milan ist …
   [A] 0177-23 42 89. [B] 0177-22 42 899.

4 x 1 = 4
____/4

Lesen

3 Ergänze die Verben. Achte auf die richtige Form.

1. Thomas und Luis ___fahren___ Fahrrad.
2. Ich mag Musik und _____ gut.
3. _____ du gut? Ich kann nicht _____.
4. Frau Milan, _____ Sie auch im Internet?
5. Thomas _____ gut. Und ihr, _____ ihr auch gut?
6. Wir können gut _____ – und er _____ gut Fußball.

8 x 1 = 8
____/8

4 Deutsch im Unterricht: Was gehört zusammen? Ordne zu.

1. Können Sie das …   A das auf Deutsch?
2. Das verstehe …   B Aufgabe 3 und 4.
3. Wie heißt …   C ich nicht.
4. Kannst du mir …   D bitte wiederholen?
5. Habt ihr …   E den Stift geben?
6. Hausaufgaben sind …   F die Hausaufgaben?

5 x 0,5 = 2,5
____/2,5

fünfzehn 15

5 Wer ist das: Katja, Paula, Andreas, Marco oder Anna? Ergänze die Namen.

Hallo, mein Name ist Marco. Ich bin sechzehn Jahre alt und komme aus der Schweiz. Ich wohne in Basel und gehe in die Klasse 10a. Ich mag Sport und kann schwimmen und Fußball spielen. Wir haben zwei Hunde und eine Katze.

Guten Tag, ich heiße Pauline Becker und ich komme aus Hamburg. Jetzt wohne ich in Bremen und ich bin Sekretärin. Ich mag Musik: Ich kann tanzen und singen. Ich bin nicht verheiratet und habe keine Kinder.

Mein Name ist Andreas Funk und ich bin Arzt von Beruf. Ich bin sechsundvierzig Jahre alt und wohne in Zürich. Ich komme aus Deutschland, aus Köln. Ich bin verheiratet und wir haben ein Kind: Jonas ist 19 Jahre alt. Ich kann kochen.

Ich bin Katja und ich bin neun Jahre alt. Ich gehe in die Klasse 4d in Salzburg. Meine Familie kommt aus Polen. Ich kann Gitarre spielen. Meine Freundin heißt Anna, sie kann echt gut singen.

1. _Pauline Becker_ kommt aus Hamburg.
2. _____ ist 16 Jahre alt.
3. _____ kann Gitarre spielen.
4. _____ und _____ wohnen in der Schweiz.
5. _____ ist verheiratet.
6. _____ kann schwimmen.
7. _____ ist 9 Jahre alt.
8. _____ ist Sekretärin von Beruf.
9. _____ und _____ gehen in die Schule.
10. _____ kann gut singen.

9 x 1 = 9
____/9

Schreiben

6 Interviewfragen. Schreib die Fragen in der Sie-Form.

Du	Sie
1. Wie heißt du?	*Wie heißen Sie?*
2. Woher kommst du?	
3. Wie alt bist du?	
4. Hast du Kinder?	
5. Kannst du kochen?	

4 x 1 = 4
____/4

7 *nicht* oder *kein/keine*? Schreib die Sätze mit *nicht* oder *kein/keine*.

1. Nadja kann schwimmen. *Nadja kann nicht schwimmen.*
2. Nadja und Jannik haben einen Hund. _____
3. Frau Stellfeld ist Lehrerin. _____
4. Frau Stellfeld kann kochen. _____
5. Kai Hübner wohnt in Berlin. _____
6. Er hat ein Kind. _____
7. Brigitte kommt aus der Schweiz. _____

6 x 1 = 6
____/6

Sprechen

8 a Wer bist du? Verneine die Fragen und schreibe deine Antwort.

1. Heißt du Pumuckl? *Nein, ich heiße nicht Pumuckl. Ich* _____
2. Kommst du aus Deutschland? _____
3. Bist du zwanzig Jahre alt? _____
4. Wohnst du in Berlin? _____
5. Ist deine Telefonnummer 123 123? _____

0,5 + 4 x 1 = 4,5
____/4,5

b Hör die Fragen auf der CD und antworte.

14

Heißt du Pumuckl?

Nein, ich heiße nicht Pumuckl. Ich …

5 x 1 = 5
____/5

____/50

5 TEST

Hören

1 a Wann ist das? Hör die Gespräche. Welche Uhrzeit hörst du? Kreuze an: A oder B.

4 x 1 = 4   15

1. [A] 14.40 Uhr   [B] 15.20 Uhr   3. [A] 20.10 Uhr   [B] 18.10 Uhr
2. [A] 6.30 Uhr   [B] 7.30 Uhr   4. [A] 8.45 Uhr   [B] 9.15 Uhr

_____/4

Fit 2 Du hörst drei Nachrichten am Telefon. Zu jeder Nachricht gibt es Aufgaben. Kreuze an: a, b oder c. Du hörst jede Nachricht zweimal.

16–18   **Beispiel:** Wann kauft die Mama von Clara ein?

[A] Am Mittag.   [X] Am Nachmittag.   [C] Am Abend.

In der Prüfung gibt es ein Beispiel und drei Texte.

Nachricht 1
1. Anna und Maja …

[A] holen zusammen Ben ab.   [B] besuchen Oma.   [C] fahren Skateboard.

2. Wann hat Anna Zeit?

[A] Um 15.30 Uhr   [B] Um 16.30 Uhr   [C] Um 17.30 Uhr

Nachricht 2
3. Tobias hat …

[A] keine Bleistifte.   [B] kein Heft.   [C] keine Radiergummis.

4. Heute Nachmittag hat Tobias …

4 x 1,5 = 6

_____/6

[A] Deutsch.   [B] Englisch.   [C] Spanisch.

Lesen

3 Pauls Tag. Wie heißt das Verb? Ergänze.

1. Paul fr_____ am Morgen.
2. Dann _____ er mit Pia.
3. Am Mittag kommt er aus der Schule.
   Seine Mutter _____ Suppe.
4. Am Nachmittag _____ er Hausaufgaben.
5. Danach _____ Paul Klavier und seine Mutter singt.
6. Am Abend _____ er und
   um 22 Uhr _____ Paul.

4 Ergänze *abholen, anrufen, aufstehen* und *einkaufen*. Achte auf die richtige Form.

Nadja hat heute viel Zeit. Sie _____ um zehn Uhr _____. Um zwei Uhr _____ sie Pia _____. Sie telefonieren eine Stunde. Dann _____ sie Jannik vom Kindergarten _____ und sie spielen zusammen. Danach _____ Nadja Schokolade im Supermarkt _____ und geht zu Pia. Sie hören Musik und tanzen.

Schreiben

5 Schreib die Uhrzeiten wie in den Beispielen. Ergänze dann die Tageszeit.

1. *Es ist Viertel nach zehn.*
   der Vormittag

2. _____

3. _____

4. *Es ist fünfzehn Uhr dreiundzwanzig.*
   _____

5. _____

6. _____

5

6 Was macht Paul heute? Schreib Sätze.

1. aufstehen / 8 Uhr / Paul / .
   Paul steht um acht Uhr auf.

2. frühstücken / er / in der Schule / .
   _____

3. lernen / am Vormittag / er / Deutsch / .
   _____
   _____

4. telefonieren / Paul und Kolja / um zwei Uhr / .
   _____
   _____

5. einkaufen / am Nachmittag / sie / zusammen / .
   _____

6. duschen / Paul / am Abend / .
   _____

5 x 1 = 5
____/5

7 Schreib Sätze wie in Aufgabe 6 über dich.

Mein Tag
Ich stehe um halb sieben auf. … _____
_____
_____
_____

5 x 1 = 5
____/5

Sprechen

8 a Erzähl von dir. Lies zuerst die Fragen und schreib deine Antworten.

Wann frühstückst du? *Ich* _____

Was machst du am Vormittag? _____

Was machst du gern am Nachmittag? _____

Wo bist du am Abend? _____

Was machst du am Wochenende? _____

5 x 1 = 5
____/5

b Hör jetzt die Fragen aus 8a auf der CD und antworte.

19

Wann frühstückst du?   *Ich …*

5 x 1 = 5
____/5

____/50

TEST 6

Hören

1 a Hör das Gespräch. Welche Fächer finden die Personen gut? Welche Fächer mögen sie nicht?

☺ Sport _____   ☺ _____   ☺ _____
☹ _____   ☹ _____   ☹ _____
Corinna   Florian   Laura

5 x 1 = 5
____/5

b Hör zu und ergänze die Verben. Wer macht was gern?

1. Daniel macht gern Sport, am Wochenende __s_____ er oft.
2. Seine Schwester findet Sport doof. Sie _____ gern.
3. Sein Bruder ist noch klein. Er _____ viel.
4. Sein Papa _____ viel, er findet das interessant und wichtig.
5. Seine Mutter _____ gern. Sie ist Musiklehrerin.

5 x 1 = 5
____/5

2 Wie ist der Stundenplan? Ergänze die Fächer.

Montag	Dienstag	Mittwoch	Donnerstag	Freitag
Deutsch	Biologie			Deutsch
	Deutsch	Chemie		Latein
Mathematik		Englisch	Geografie	Kunst
Mathematik		Englisch	Informatik	Kunst
Ethik	Englisch		Mathematik	

8 x 0,5 = 4
____/4

Lesen

3 Lies die Texte. Kreuze dann an: Welche Schule passt zu den Sätzen: G oder S?

Goethe-Gymnasium (= G)
Unsere Schule ist in Dresden. Sie hat 1500 Schüler und zwei Sporthallen. Wir haben eine Kantine. Das Essen ist lecker! Wir haben einen Direktor, Herrn Koob, und zwei Hausmeister. Die Hausmeister sind sehr nett. Unsere Lehrer sind o.k.

Schiller-Gymnasium (= S)
Meine Schule hat 300 Schüler und sie ist in Tecklenburg. Bis Mittag ist Unterricht. Danach gehen alle Schülerinnen und Schüler nach Hause. Meine Direktorin heißt Frau Bröker und unser Hausmeister ist Herr Müller. Er ist o.k. Meine Lehrer sind super!

1. Die Schule ist groß. _G_
2. Die Schule hat zwei Hausmeister. ___
3. Der Schüler findet die Lehrer toll. ___
4. Die Schüler essen in der Schule. ___
5. In der Schule arbeitet eine Direktorin. ___

4 x 1 = 4
____/4

einundzwanzig 21

6

4 a Ergänze die Verben. Achte auf die richtige Form.

1. Pia und Nadja __essen__ Hamburger. Plato _____ eine Pizza. (*essen*)
2. Ich _____ abends immer ein Buch. _____ du auch gern? (*lesen*)
3. Robbie _____ seine Band am Mittwoch. (*treffen*)
4. Paul _____ mit dem Fahrrad zu Nadja. Paul und Nadja _____ dann zur Schule. (*fahren*)
5. Pia und Plato _____ am Wochenende. Nadja _____ nicht gern. (*laufen*)

8 x 1 = 8
_____/8

b Welches Verb passt: *haben* oder *sein*? Ergänze die richtige Form.

1. Englisch und Deutsch __sind__ meine Lieblingsfächer.
2. Unsere Lehrer _____ alle nett.
3. _____ ihr auch nette Lehrer?
4. Am Montag _____ wir sechs Stunden.
5. Ich _____ eine Katze, sie heißt Minka.
6. Meine Katze _____ klein und spielt viel.

5 x 0,5 = 2,5
_____/2,5

5 Wochentage. Was macht Pia wann? Ergänze.

Pia macht diese Woche viel. Sie macht 2x Sport, am __Montag__ schwimmt sie und am _____ fährt sie Fahrrad. Am _____ lernt sie Englisch und am _____ übt sie Klavier. Am _____ isst sie Sachertorte, ihr Opa hat Geburtstag. Am _____ singt sie mit Robbies Band und am _____ schläft sie!

Mo *schwimmen*
Di *Klavier üben*
Mi *Englisch*
Do *Geburtstag Opa*
Fr *singen*
Sa *Fahrrad fahren*
So *schlafen*

6 x 0,5 = 3
_____/3

6 Welche Schulfächer hast du an den Wochentagen Montag, Mittwoch und Freitag? Notiere alle Fächer.

1. *Am Montag* _____
2. *Am* _____
3. _____

3 x 2 = 6
_____/6

7 *Unser* oder *euer*? Kreuze an.

Wir gehen in die Mozartschule. Unser ☐ Unsere ☒ Schule ist klein, wir sind nur 350 Schüler. Unser ☐ Unsere ☐ Lehrer sind alle nett, besonders unser ☐ unsere ☐ Deutschlehrer, Herr Schröder. Wie ist euer ☐ eure ☐ Deutschlehrerin? Und wie ist euer ☐ eure ☐ Klassenzimmer? Unser ☐ Unsere ☐ Klassenzimmer ist klein, aber unser ☐ unsere ☐ Sportplatz ist groß! Schreibt uns bald!
Euer ☐ Eure ☐ Klasse 8a

7 x 0,5 = 3,5
_____/3,5

22 zweiundzwanzig

6

Schreiben

Fit 8 **Lies die E-Mail und antworte mit mindestens 30 Wörtern.**

Du schreibst einen Brief. Schreib immer auch „Hallo …" und „Viele Grüße".

Hallo,

ich heiße Lara und ich komme aus Australien. Ich bin 13 Jahre alt und gehe in die Klasse 8b. Mein Lieblingsfach ist Deutsch und ich mag auch Sport und Englisch. Mathematik finde ich doof. Am Wochenende fahre ich gern Fahrrad und schwimme. Was machst du gern? Schreibst du mir?

Viele Grüße

Lara

$10 \times 0{,}5 = 5$

____/5

Sprechen

9 a Erzähl von dir. Lies die Fragen und notiere deine Antworten. Schreib immer einen Satz. Lies die Sätze dann laut.

1. Wie heißt deine Schule?
   _____

2. Was ist dein Lieblingsfach?
   _____

3. Wann hast du Mathematik?
   _____

$4 \times 0{,}5 = 2$

4. Wie findest du Mathe?
   _____

____/2

$4 \times 0{,}5 = 2$

b Hör die Fragen auf der CD und antworte.

____/2

____/50

7 TEST

Hören

1 Hör das Gespräch und beantworte die Fragen.

Beispiel

Was macht Tina gerade?

A Hausaufgaben
X Klavier üben.
C Englisch lernen.

2. Tina hat Zeit um …

A 16.30.
B 17.30.
C 18.30.

1. Marc möchte gern …

A Tennis spielen.
B Fahrrad fahren.
C Fußball spielen.

3. Marc …

A fährt mit dem Fahrrad.
B holt Tina ab.
C trifft Tina am Schwimmbad.

3 x 1 = 3
____/3

2 Du hörst jetzt fünf verschiedene Texte. Welcher Text passt zu welchem Bild? Schreib die Nummer des Textes in das Kästchen neben dem Bild. Du hörst jeden Text ein Mal. Achtung: Es gibt ein Bild zu viel!

Du hörst die Texte nur einmal. Lies die Aufgabe vor dem Hören und hör genau zu.

A in der Schule

B beim Konzert

C im Kino

D beim Abendessen

E im Supermarkt

F im Schwimmbad

5 x 1 = 5
____/5

3 Welche Hobbys haben die Personen? Hör das Gespräch und ordne zu. Manche Hobbys passen zu mehreren Personen.

reiten • Flugzeuge basteln • Computerspiele spielen • fernsehen • im Café arbeiten • Fahrrad fahren • Tennis spielen • Aufkleber sammeln

Marco: _____

Lisa: _____

Herr König: _____

Frau König: _____

Lesen

4 Lies die E-Mail von Marco und die Fragen 1 bis 5. Wo steht die Antwort? Markiere die Sätze in der Mail. Notiere dann die Antworten.

Hallo,
vielen Dank für deine Mail. Ich lerne Deutsch in der Schule, das macht Spaß. Und ich lerne schon fünf Jahre Englisch. Lernst du auch Englisch? Ich höre gern englische Musik und verstehe viel. Das finde ich super! Welche Musik hörst du?
Ich spiele Gitarre in einer Band, wir singen auf Deutsch und auf Englisch. Am Samstag haben wir ein Konzert und ich übe viel. Kommst du zu meinem Konzert?
Morgen muss ich auch Englisch lernen, wir schreiben am Donnerstag einen Test. Wir können uns am Donnerstag am Nachmittag treffen, dann habe ich Zeit. Du auch?
Viele Grüße
Marco

1. Welche Sprachen lernt Marco?   *Deutsch,* _____
2. Was sind seine Hobbys?   _____
3. Was macht er am Wochenende?   _____
4. Wann hat er Zeit?   _____
5. Was macht er morgen?   _____

5 Eine Verabredung. Ordne das Gespräch.

☐ Echt? Das ist toll! Dann bis später.

☐ Ich kann um sechs oder sieben Uhr.

☐ Heute Nachmittag um vier Uhr.

☐ Um vier Uhr? Das geht leider nicht. Da habe ich keine Zeit.

☐ Wann hast du denn Zeit?

1 Kommst du mit ins Kino? Lena kommt auch mit.

☐ Ich muss Gitarre üben.

☐ Wann wollt ihr ins Kino gehen?

☐ Warum hast du keine Zeit?

☐ Kein Problem, dann gehen wir um sieben Uhr ins Kino. Wir holen dich ab.

6 *Wollen* oder *müssen*: Welches Verb passt? Notiere es in der passenden Form.

1. Pia macht gern Sport. Sie _will_ am Nachmittag Tennis spielen. Aber sie hat keine Zeit. Sie _____ Hausaufgaben machen.
2. Was macht ihr heute? _____ ihr mit uns ins Konzert gehen? – Gern. Wir _____ noch Bens Fahrrad reparieren und duschen. Dann haben wir Zeit!
3. Ich _____ gut Deutsch sprechen. – Dann _____ du viel lernen.
4. Hast du Zeit oder _____ du noch Klavier üben? – Nein, ich bin fertig.

Schreiben

7 Schreib Aufforderungen.

1. Oma hat Geburtstag (sie anrufen) _Ruf sie an!_
2. Plato hat Hunger. (ihm Essen geben) _____
3. Wir brauchen Wasser. (einkaufen) _____
4. Es ist so langweilig. (fernsehen) _____
5. Morgen ist ein Deutschtest. (Wörter lernen) _____
6. Ich bin noch so müde! (schnell aufstehen) _____

8 Lies die E-Mail in Aufgabe 4 noch einmal und schreib eine Antwort. Antworte auf alle Fragen von Marco.

Hallo Marco,
vielen Dank für deine Mail. _____
_____
_____
_____

Sprechen

9 a Formuliere eine Bitte (… !) oder eine Frage (… ?) zu den Karten.

b Hör fünf Bitten und Fragen und reagiere darauf.

Gib mir bitte das Buch!   *Hier, bitte.*

In der Prüfung bekommst du zwei Karten. Du kannst deinem Partner antworten oder mit einer Geste reagieren.

26 sechsundzwanzig

TEST 8

Hören

1 Hör das Gespräch und ergänze die Informationen. Manche Informationen passen nicht. Manche passen zweimal.

> Spanien • Portugal • Österreich • Schweiz •
> Frankreich • Türkei • Italienisch • Französisch (2x) •
> Englisch • Türkisch • Portugiesisch •
> Deutsch (2x) • Russisch

Carmen ist aus _Portugal_, sie lebt jetzt in der _____. Sie spricht _____

und zu Hause auch _____. In der Schule lernt sie _____ und

_____.

Nik kommt aus _____. Seine Eltern sind in _____ geboren. Seine

Familie spricht _____ und _____. Er lernt auch _____,

das findet er schwer.

2 Carmen erzählt von ihrem Schulweg. Wann fährt sie mit welchem Verkehrsmittel?

6.50 Uhr: Sie fährt mit _dem_ _____

7.10 Uhr: Sie fährt mit _____

7.30 Uhr: Sie fährt mit _____

7.50 Uhr: Sie fährt mit _____

Lesen

3 Lies die drei Beiträge aus einem Forum und ergänze die Sätze.

> **Sonja:** Also mein Schulweg ist sehr lang. Ich fahre zuerst mit dem Bus, dann mit der U-Bahn und gehe dann noch 5 Minuten zu Fuß. Ich treffe immer meine Freunde im Bus, deshalb macht die Fahrt Spaß.
>
> **Josy13:** Ich wohne in der Stadt und fahre jeden Tag mit dem Fahrrad zur Schule. Ich brauche 5 Minuten zur Schule, das finde ich toll!
>
> **Mike:** Ich wohne in den Bergen und fahre im Winter manchmal mit dem Schlitten. Das ist supercool! Ich muss dann aber zu Fuß nach Hause gehen. Das macht keinen Spaß und dauert lange. Ich brauche dann 40 Minuten!!! ☹

1. Mike fährt im Winter _mit_ _____ zur Schule.
2. _____ hat einen kurzen Schulweg.
3. Auf dem Schulweg trifft _____ ihre Freunde.
4. Josy fährt _____.
5. _____ geht lange zu Fuß nach Hause.
6. Sonja fährt zuerst _____.

siebenundzwanzig 27

8

4 a Schreib die Sprachen richtig.

1. Dutesch _D_____
2. Plinosch _____
3. Sapinsch _____
4. Iteilanisch _____
5. Chesinisch _____
6. Siuhale _____
7. Rissusch _____
8. Trükisch _____
9. Ingelsch _____
10. Förnzasisch _____

10 x 0,5 = 5
_____/5

b Meine Klasse. Ergänze *man* und die richtigen Verbformen von *sprechen*.

Meine Klasse ist international, wir _spr_____ viele Sprachen. Alex kommt aus den USA, er _____ Englisch. Anna und Maurizio kommen aus Rom und _____ Italienisch. Yasemin und ihr Bruder sind in Istanbul geboren. Das ist in der Türkei, dort spricht _____ Türkisch. Dann gibt es noch Sergej aus Russland, er _____ natürlich Russisch. Ach ja, Teresa kommt aus Genf in der Schweiz. In Genf spricht _____ Französisch, deshalb will Teresa jetzt Deutsch lernen. Ich bin aus Polen, deshalb _____ ich Polnisch. Wir sind jetzt alle in Berlin und viele Leute fragen uns: „_____ ihr Deutsch?"

8 x 1 = 8
_____/8

5 Ordne zu und verbinde die Sätze mit *deshalb*.

1. Nadja ist krank.
2. Morgen ist eine Prüfung.
3. Pia hat einen Hund.
4. Kolja und Paul mögen Sport.
5. Frau Müller hört gern Musik.

A Sie spielen am Wochenende Fußball.
B Sie hat viele CDs.
C Sie geht nicht in die Schule.
D Sie muss viel lernen.
E Sie geht viel spazieren.

1. _Nadja ist krank, deshalb_ _____
2. _____
3. _____
4. _____
5. _____

5 x 1 = 5
_____/5

Schreiben

6 Wem gehört das? Schreib Sätze mit *sein* und *ihr*.

der Stift — _Das ist ihr Stift._
die Tasche _____
das Handy _____

das Heft _____
der Brief _____
_____
die Schuhe   die Uhr   die Bücher

7 x 1 = 7
_____/7

28 achtundzwanzig

KID **7** **Du suchst eine Chatfreundin aus Deutschland, Österreich oder der Schweiz. Im Internet findest du folgende Anzeige.**

> Hallo ihr!
> Ich bin Maja. Ich bin 12 Jahre alt und komme aus Berlin. Meine Schule heißt Bertolt-Brecht-Gymnasium. Am Wochenende spiele ich gern Fußball und lese. Und du?
> Schreib mir bitte.

Antworte Maja und schreib etwas über dich:

1. Wer bist du und wo lebst du?
2. Wie alt bist du?
3. Wie heißt deine Schule?
4. Was machst du gerne am Wochenende?
5. Was möchtest du über Maja wissen?

Liebe Maja!

(1) Ich bin _____ und _____
_____

(2) Ich bin _____ alt.

(3) Meine Schule _____

(4) Am Wochenende _____ und
_____.

(5) Ich möchte dich noch fragen: _____
_____

Schreib mir bald!

Liebe Grüße

_____

5 x 1 = 5

____/5

Sprechen

8 **Notiere zuerst deine Antworten auf die Fragen. Hör dann die Fragen auf der CD und antworte.**

30

1. Wie heißt deine Schule? _____
2. Wie kommst du zur Schule? _____
3. Wie lange dauert das? _____
4. Was ist dein Lieblingsfach? _____
5. Welche Sprachen sprichst du? _____

5 x 1 = 5

____/5

____/50

9 TEST

Hören

1 Hör das Gespräch. Welcher Name passt? Ergänze: *Anna* oder *Jonas*.

1. *Anna* macht oft Sport.
2. _____ ist ein großer Fan von Roger Federer.
3. _____ spielt manchmal Computerspiele.
4. _____ findet die Schulband super.
5. _____ kennt die Sängerin.
6. _____ geht nicht gern ins Kino.
7. _____ reitet am Sonntag.

6 x 1 = 6

_____/6

2 Jonas und Anna hören Musik. Wie gefallen ihnen die Lieder? Notiere ☺ oder ☹.

Lied 1: Jonas ☺_____   Anna _____
Lied 2: Jonas _____   Anna _____
Lied 3: Jonas _____   Anna _____

5 x 0,5 = 2,5

_____/2,5

3 Hör das Gespräch. Was sieht man auf dem Bild? Wo sieht man das? Male die Wörter. Notiere sie dann im Akkusativ.

das Mädchen • ~~der Ball~~ • die Katze • der Hund • das Baby • die Blume

Auf dem Bild sieht man …

5 x 0,5 = 2,5

_____/2,5

Lesen

4 In einer Zeitschrift findest du zwei Texte über Jugendliche. Lies bitte die Beschreibungen und die Sätze 1–6. Was ist richtig, was ist falsch? Kreuze an.

1 Hallo, ich heiße Cornelius und habe einen Bruder und eine Schwester. Wir wohnen in München. Wir haben aber auch eine Wohnung in Innsbruck, das ist in Österreich. Da sind wir oft in den Ferien. Im Winter fahren wir immer Ski. Ich gehe in die 9. Klasse und lerne Spanisch, Englisch und Französisch. Das macht Spaß, finde ich. Ich spiele auch Klavier und mache gern Sport: Volleyball und Skateboardfahren finde ich super.

30 dreißig

2 Ich bin Alexa und wohne in Köln mit meiner Mutter und meiner Schwester. Ich gehe auf eine Musikschule und spiele Gitarre und singe in unserer Schulband. Meine Schwester ist noch klein, sie geht in den Kindergarten und ich spiele am Nachmittag oft mit ihr. Mit meinen Freunden gehe ich spazieren, spiele Computerspiele oder gehe ins Kino. Am Wochenende bin ich immer bei meinem Vater in Düsseldorf. Ich kenne in Düsseldorf keine Jugendlichen, aber mein Papa ist supernett.

Lies zuerst die Sätze und suche dann die Informationen im Text.

	richtig	falsch
Beispiel Cornelius hat Geschwister.	☒	☐
Beschreibung 1		
1. Cornelius geht in Österreich zur Schule.	☐	☐
2. Er lernt gern Sprachen.	☐	☐
3. Cornelius hat viele Hobbys.	☐	☐
Beschreibung 2		
4. Alexa ist ein großer Musikfan.	☐	☐
5. Sie sieht ihre Schwester nicht oft.	☐	☐
6. Am Wochenende trifft sie in Düsseldorf ihre Freunde.	☐	☐

5 Lies die Einträge in einem Fan-Forum. Ergänze die Adjektive.

pinkfan33: Meine Lieblingssänger ist Andreas Bourani. Seine Stimme ist _toll_ und die Lieder sind sooo ro_____ – es geht um Liebe und Freunde. Mein Freund findet die Musik total bl_____, aber das ist mir egal. Ich höre sie einfach mit Kopfhörern :-).

bernie: Ich bin ein großer Fan von Robert Lewandowski. Er spielt einfach su_____ und ist immer total ne_____ zu seinen Fans. Viele Mädchen finden Fußball la_____. Das kann ich nicht verstehen!

Blockblock: Kennt ihr das Computerspiel „Minecraft"? Meine kleine Schwester spielt es seit drei Monaten, das finde ich so du_____! Ich finde Bücher in_____ und lese ganz viel. Und Filme sind sch_____, aber Computerspiele???

6 *Der, die, das* und *den*: Nominativ oder Akkusativ? Ergänze den Artikel.

1. ● Wie findest du _die_ Schulband? ○ Ich finde _____ Sänger super, aber _____ Musik ist manchmal langweilig.

2. ● Ich finde _____ Heft nicht. Und wo ist _____ Stift? ○ _____ Stift sehe ich, er liegt dort. _____ Heft habe ich auch nicht.

3. ● Mama, kaufst du bitte noch _____ Buch für Mathe? ○ Und was machst du?
   ● Ich sehe _____ Film über Tiere. _____ Film ist sehr interessant.

4. ● Kannst du mir helfen, bitte? Ich will _____ Fahrrad reparieren. ○ Klar, gern. Warte! Ich habe eine Idee: Ich repariere _____ Fahrrad und du machst _____ Hausaufgaben.

einunddreißig 31

9

Schreiben

7 Wie oft machst du das? Notiere jeweils einen Satz.

1. nie: *Ich spiele nie Tennis*
2. nie: _____
3. manchmal: _____
4. oft: _____
5. immer: _____

4 x 1 = 4

____/4

8 Was machst du gern? Wer ist toll? Schreib einen Kommentar für ein Fan-Forum wie in Aufgabe 5. Schreib fünf Sätze.

Dein Nickname:

_____   _____
_____   _____
                  _____
                  _____
                  _____

5 x 1 = 5

____/5

9 *Und* oder *aber* – was passt? Verbinde die Sätze.

1. Lea hört gern Musik. Sie singt gut. → *Lea hört gern Musik und singt gut.*
2. Tom mag Tiere. Er hat keinen Hund. _____
3. Marias Eltern sind aus Italien. Maria spricht kein Italienisch.
   _____
4. Pia macht immer Hausaufgaben. Sie lernt viel.
   _____
5. Nadja ist Pias Freundin. Sie hat wenig Zeit für Pia.
   _____

4 x 0,5 = 2

____/2

Sprechen

10 a Notiere deine Antworten zu den Fragen.

1. Wie heißt dein Lieblingslied? _____
2. Wie oft hörst du Musik? _____
3. Was machst du oft mit deinen Freunden? _____
4. Was machst du manchmal am Wochenende? _____

4 x 0,5 = 2

____/2

4 x 1 = 4

▶ **b** Hör die Fragen aus 10a auf der CD und antworte.
34

____/4

____/50

32   zweiunddreißig

TEST 10

Hören

1 Hör das Gespräch. Nikolai feiert morgen seinen Geburtstag. Wann passiert was? Nummeriere die Bilder in der richtigen Reihenfolge.

_1_ ein Geburtstaglied singen
___ den Raum dekorieren
___ gratulieren
___ Kuchen essen
___ Geschenke bekommen
___ eine Party feiern

5 x 1 = 5
____/5

2 Wer bekommt die Geschenke? Hör das Gespräch von Nikolai und seiner Mutter.

1. Opa _D_
2. Oma ___
3. Kevin ___
4. Ina ___
5. Tante Kirsten ___
6. Onkel Tobias ___

B eine Tasche   D ein Handy   E eine Katze
C Blumen   A ein Computerspiel
F eine Konzertkarte

5 x 1 = 5
____/5

Lesen

3 Lies den Brief und notiere die Geburtstage im Kalender.

10.10.

Hallo Mia,

morgen ist endlich mein Geburtstag! Ich mache eine große Party und ich glaube, ich bekomme viele Geschenke ☺.

Meine Familie ist groß, also haben wir viele Geburtstage. Meine kleine Schwester Lisa hat dann im November Geburtstag und meine Schwester Sarah im Mai. Mein Bruder Tim hat an Weihnachten Geburtstag ☹ und meine Mama am 1.1. Mein Papa feiert im Sommer, am 8.8. Da machen wir immer ein großes Gartenfest. Meine Oma hat im Februar Geburtstag und gleich danach feiert mein Opa: am 1. März! Meine Tante Kristina hat am 2.4. Geburtstag und mein Onkel Andreas am 3.6. Und im Juli? Da hat unser Hund Malina Geburtstag und im September unsere Katze Lumi.

Du siehst, wir feiern jeden Monat Geburtstag und ich finde das toll! Wann hast du denn Geburtstag?

Viele Grüße

Paula

Januar: _____
Februar: _____
März: _____
April: _____
Mai: _____
Juni: _____
Juli: _____
August: _____
September: _____
Oktober: _Paula_
November: _Lisa_
Dezember: _____

10 x 0,5 = 5
____/5

10

4 Situation: Was weißt du über Hamster? Hier gibt es fünf Fragen. Findest du die richtige Antwort (A–G) zu den Fragen? Achtung: Es gibt eine Antwort zu viel.

Die Texte sind manchmal schwer und du kennst nicht alle Wörter. Aber für die Antwort musst du nicht alles verstehen.

A
Hamster sind in der Nacht aktiv. Am Tag sieht man sie nicht so oft. So können sie sich erholen und leben lang.

B
Hamster leben ein paar Jahre lang. Es ist egal, ob sie ein Haustier sind oder frei in der Natur leben. Sie werden maximal drei Jahre alt.

C
Hamster fressen Getreide und Gemüse. Auch Salat mögen sie. Das Essen für einen Hamster kostet im Monat circa zehn Euro.

D
Als Haustiere gibt es Hamster auf allen Kontinenten. Frei in der Natur leben sie in Europa und Asien.

G
Über fünf Millionen Deutsche haben ein Kleintier, zum Beispiel einen Hamster. Wie viele Hamster es sind, das weiß man nicht genau.

F
Es gibt viele verschiedene Hamsterarten. Ein Hamster kann zwischen 5 cm und 34 cm groß sein.

✗
Hamster können gut riechen, aber sie können nur 15 cm weit sehen. Und sie sehen keine Farben. Ihre Augen helfen ihnen also nicht immer.

Frage	Antwort
0. Können Hamster gut sehen?	E
1. Was essen Hamster?	
2. Wann schlafen Hamster?	
3. Wie groß sind Hamster?	
4. Wie alt werden Hamster?	
5. Wie viele Hamster haben Deutsche?	
6. Wo leben Hamster?	

6 x 1 = 6
_____/6

5 Ergänze den unbestimmten Artikel im Akkusativ oder *kein/keine*.

Paul hat bald Geburtstag und macht __eine__ Feier. Die Freunde möchten _____ Geschenk für Paul kaufen. Paul mag Musik, aber er will _____ CDs. Pia hat _____ Idee. Sie möchte Paul _____ Hund kaufen. Aber Kolja findet das _____ gute Idee. Er will lieber _____ Fußball kaufen. Robbie findet das doof, er möchte Paul _____ Ball schenken. Er möchte Paul _____ Karte für das Konzert von Adele schenken. Das finden alle eine gute Idee.

8 x 1 = 8
_____/8

6 Finde alle Monate und Jahreszeiten.

F	D	E	Z	E	M	B	E	R	J	M	S
R	S	I	F	N	O	V	E	M	B	E	R
Ü	Z	S	E	P	T	E	M	B	E	R	A
H	E	R	B	S	T	P	Ä	J	W	C	U
L	A	P	R	I	L	L	R	U	I	H	G
I	T	J	U	N	I	M	Z	L	N	I	U
N	M	J	A	N	U	A	R	I	T	B	S
G	A	K	R	O	K	T	O	B	E	R	T
W	I	S	O	M	M	E	R	N	R	U	T

14 x 0,5 = 7

_____/7

Schreiben

7 Wie feierst du deinen Geburtstag? Schreib eine Mail an Paula aus Aufgabe 3.

Liebe Paula,

   alles Gute ...

4 x 1 = 4

_____/4

8 Schreib Sätze.

1. kaufen / Nadja / ein Geschenk / für Jannik / . *Nadja ....*
2. machen / Nadja und ihre Mutter / ein Kuchen / .
3. singen / die Familie / am Morgen / ein Lied / .
4. einladen / Jannik / viele Freunde / zu seiner Party / .
5. feiern | am Nachmittag | Jannik | eine Party / .

5 x 1 = 5

_____/5

Sprechen

9 Situation: Du bekommst bei der Prüfung fünf Karten. Es sind drei rote und zwei blaue Karten mit einfachen Fragen über dich. Beantworte alle fünf Fragen und sprich über dich.

Wie heißt du?

Wo wohnst du?

Wie kommst du zur Schule?

Wie alt bist du?

Was machst du gern am Wochenende?

Sag zu jeder Karte 1–2 Sätze.

5 x 1 = 5

_____/5

_____/50

fünfunddreißig 35

11 TEST

Hören

1 Was bestellen die Personen? Hör das Gespräch und ordne dann zu. Zwei Buchstaben passen nicht.

A Spaghetti und Wasser   *passt nicht*
B Pizza und Wasser
C Salat und Cola
D Würstchen und Pommes
E Kuchen und Kaffee
F Hamburger und Wasser

1. Herr Krüger _____   2. Marco _____   3. Nora _____   4. Frau Krüger _____

4 x 1 = 4
_____/4

2 Du hörst zwei Gespräche. Zu jedem Gespräch gibt es Aufgaben. Kreuze an: richtig oder falsch. Du hörst jedes Gespräch zweimal.

	richtig	falsch
Beispiel Sarah telefoniert mit ihrer Mutter	☐	☒
Gespräch 1		
1. Sarah kocht heute Suppe.	☐	☐
2. Sarah braucht noch Gemüse.	☐	☐
3. Ihr Papa kauft auf dem Markt ein.	☐	☐
Gespräch 2		
4. Frau Huber isst heute im Restaurant.	☐	☐
5. Der Vater von Tom hat Geburtstag.	☐	☐
6. Andrej muss morgen nicht zur Schule.	☐	☐

Du hörst die Gespräche zweimal. Kontrolliere beim zweiten Hören deine Antworten.

6 x 0,5 = 3
_____/3

3 Wie teuer sind die Lebensmittel? Notiere die Preise.

1,... €   _____ €   _____ €   _____ €   _____ €   _____ €

6 x 1 = 6
_____/6

Lesen

4 Bring das Gespräch in die richtige Reihenfolge.

___ Danke. Auf Wiedersehen.
___ Die Kasse ist dort.
_1_ Entschuldigung, können Sie mir helfen?
___ Moment. Hier ist sie.
___ Hier ist noch eine CD von Cro. Sie kostet nur 8,99.
___ Danke. Wie viel kostet die CD?

___ Sie kostet 15,99 €.
___ Ich suche eine CD von Cro.
___ Das ist aber teuer.
___ Ja, gern. Was suchst du?
___ Dann nehme ich die CD. Wo kann ich bezahlen?

10 x 0,5 = 5
_____/5

36 sechsunddreißig

5 Lies den Text. In jeder Zeile gibt es ein falsches Wort. Schreib das richtige Wort. Achte auf den richtigen Artikel.

Meine Oma kauft am Wochenende Brötchen <u>im Buchladen</u>.   1. *in der Bäckerei*

Sie frühstückt gern Brötchen mit Käse und <u>isst</u> Kaffee mit   2. _____

Milch. Manchmal geht sie mit mir in <u>einen Supermarkt</u> und wir   3. _____

essen Hamburger und trinken Cola. Abends liest sie <u>DVDs</u>   4. _____

oder telefoniert mit <u>seinen</u> Freundinnen. Ich finde meine   5. _____

Oma toll. Sie kocht oft <u>zu</u> meine Familie und ist immer lustig.   6. _____

6 Welches Verb passt? Ergänze die Verben in der passenden Form.

> brauchen • finden • gehen • kaufen • machen • ~~mögen~~ • mögen • mögen • nehmen • schmecken • wollen

Nadja *mag* Pizza gern. Heute Abend _____ sie Pizza für ihre Familie machen. Nadja _____ für die Pizza noch Mehl und Käse. Nadja, Pia und Jannik _____ in den Supermarkt. Pia fragt Jannik: „_____ du auch gern Pizza?" Natürlich _____ Jannik Pizza auch lecker. Nadja _____ Mehl und Käse. Pia sagt: „_____ wir auch Salat? Ihr _____ doch alle Salat gern!" Nadja findet das eine gute Idee. Am Abend _____ sie zusammen Pizza und Salat. Nadjas Familie _____ es sehr gut.

7 a Wie heißen die Sachen? Notiere das Wort im Singular und Plural und den Artikel.

1. *die Banane, Bananen*   6. _____
2. _____   7. _____
3. _____   8. _____
4. _____   9. _____
5. _____   10. _____

11

b Wo kauft man das? Notiere das Geschäft, die Präposition und den Artikel.

1. Bananen, Mehl und Butter kauft man oft _im Supermarkt_.
2. Gemüse und Obst kaufen viele auch _auf_ _____.
3. Bücher bekommst du _____.
4. Brötchen und Brot kann man _____ kaufen.
5. Kleider, CDs und viele andere Sachen bekommt man _____.
6. Hamburger, Pommes und Cola kann man _____ bekommen.

5 x 0,5 = 2,5

____/2,5

Schreiben

8 Deine Freunde. Wähl zwei Personen und schreib einen kurzen Text über sie. Das Beispiel hilft.

1. Wie heißt dein Freund / deine Freundin?
2. Was macht er / sie oft?
3. Was ist sein/ihr Lieblingsessen?
4. Wo bekommt man das Essen / Was braucht man für das Essen?

> Das ist meine Freundin Julia. Sie sieht gern Filme an und im Winter fährt sie Ski. Julia isst gern Popcorn. Wir kaufen das Popcorn immer am Freitagnachmittag im Kino. Lecker!

Person 1: _____   Person 2: _____

8 x 1 = 8

____/8

Sprechen

9 a Notiere zu jedem Stichpunkt einen Satz über dich.

Name?	_Mein Name ist … / Ich heiße …_
Alter?	_____
Land?	_____
Wohnort?	_____
Schule?	_____
Sprachen?	_____
Hobby?	_____

In der Prüfung bekommst du die Stichpunkte links und erzählst in vier bis sechs Sätzen über dich. Du kannst in der Prüfung keine Notizen machen.

7 x 0,5 = 3,5

____/3,5

Fit b Erzähl frei über dich. Gib Antworten zu allen Stichpunkten aus Aufgabe 9a.

6 x 1 = 6

____/6

> Hallo! Mein Name ist …

____/50

38 achtunddreißig

TEST 12

Hören

1 a Was ziehen die Personen an? Hör das Gespräch und ordne zu. Zwei Sachen passen nicht.

~~die Hose~~ • das Sweatshirt • die Bluse • der Rock • die Jacke • die Jeans • der Pullover • das Kleid • das T-Shirt

Mario   Anna   Mutter   Vater

6 x 0,5 = 3

_____/3

die Hose _____   _____   _____   _____

_____   _____   _____   _____

b Hör das Gespräch noch einmal und notiere die Farben.

6 x 0,5 = 3

_____/3

Mario: schwarz + _____   Mama: _____

Anna: _____   Papa: _____

2 Lies die Aufgabe gut durch. Du hast 30 Sekunden Zeit.
Situation: Du hörst eine Nachricht auf dem Anrufbeantworter. Hör gut zu und notiere die Informationen. Du hörst den Text zweimal.

Wann: am Freitag_____, um _____

Was einkaufen: _____

Zaubershow wo: _____

Marios Telefonnummer: _____

4 x 1 = 4

_____/4

Welche Informationen brauchst du? Du musst nur die Informationen verstehen. Alles andere ist nicht wichtig.

Lesen

3 Eine Mail von Anna an Maja. Lies die Sätze und sortiere sie in die richtige Reihenfolge.

___ Wir bringen das Essen um fünf Uhr zur Schule.

___ Das Tanzen macht bestimmt Spaß. Möchtest du auch kommen?

___ Meine Gruppe organisiert das Essen.

_1_ Hallo Maja,

___ Wir kaufen Brot und Käse, Gemüse und machen Pizza.

___ Viele Grüße
Anna

___ Meine Mutter hilft uns zum Glück mit der Pizza ;-).

___ Das Fest beginnt dann um halb sechs.

___ morgen ist endlich unser Schulfest. Wir arbeiten in Gruppen und helfen.

___ Ab sieben Uhr ist Musik und Disco.

9 x 0,5 = 4,5

_____/4,5

neununddreißig 39

4 Fragen zum Schulfest. Kreuze die richtige Form von *welch-* an.

1. ● ☒ Welche ⬚B Welcher ⬚C Welches Gruppe organisiert das Essen?
   ○ Die Gruppe von Moni, Lukas und Finn.
2. ● ⬚A Welche ⬚B Welcher ⬚C Welches Gemüse brauchen wir für die Pizza?
   ○ Tomaten! Das weißt du doch!
3. ● ⬚A Welche ⬚B Welcher ⬚C Welches Lehrer hat den Schlüssel für die Sporthalle?
   ○ Ich glaube, Herr Isenrath.
4. ● ⬚A Welche ⬚B Welcher ⬚C Welches Bands spielen auf dem Schulfest?
   ○ Die Schülerbands von der 9. und 10. Klasse.

5 Ergänze das Personalpronomen im Dativ.

1. ● Das Plakat sieht super aus! ○ Echt, gefallen _dir_ (du) die Farben? ● Ja, sie gefallen _____ (ich) sehr gut.
2. ● Schau mal, da ist unser Zauberer Anton. ○ Stimmt! Und das Kostüm steht _____ (er) super.
3. ● Da sind Pia und Nadja und dekorieren. Wollen wir _____ (sie) helfen?
   ○ Nö, keine Lust!
4. ● Wie gefällt _____ (ihr) die Schulband?
   ○ Super! _____ (wir) gefällt die Musik sehr gut.

6 Wie heißen die Farben? Notiere die Wörter.

1. _rot_
2. _____
3. _____
4. _____
5. _____
6. _____
7. _____
8. _____

Schreiben

7 a In der Schule, beim Sport, ... Was trägst du dann gern? Schreib Sätze. Nenne immer zwei Kleidungsstücke und zwei Farben.

in der Schule • beim Sport • bei einem Konzert

1. _In der Schule trage ich eine Jeans und ein T-Shirt. Die Jeans ist blau und die T-Shirts sind rot._
2. _____
3. _____

12

b Schreib Fragen mit Welch-.

1. 👕 – gefallen – dir – ? _Welches T-Shirt gefällt dir?_
2. 👖 – finden – du – schön – ? _____
3. 👗 – stehen – Nadja – gut – ? _____
4. 👚 – passen – dazu – ? _____
5. 🧥 – sein – modern – ? _____

4 x 1 = 4

____/4

Sprechen

8 a Welches Foto in 8b passt? Ordne die Sätze zu und schreib Antworten.

1. Ich habe noch eine Idee. Wir können auch ins Schwimmbad gehen.   Foto ____
   Die Idee ist super, ich schwimme so gern!

2. Ich grille gern. Würstchen schmecken gut.   Foto ____
   _____

3. Möchtest du auf der Party tanzen?   Foto ____
   _____

4. Wo wollen wir die Party machen? Vielleicht im Garten?   Foto _A_
   Ich weiß nicht, unser Garten ist so klein. Vielleicht feiern wir lieber am See?

5. Ich finde auch den See toll. Da kann man gut feiern.   Foto ____
   _____

7 x 0,5 = 3

____/3,5

b Du möchtest nächste Woche eine Party machen. Wo möchtest du die Party feiern? Was esst ihr? Was möchtest du machen? Hier haben wir ein paar Vorschläge. Hast du noch andere Ideen?

Hör die Aussagen auf der CD und antworte.

43

In der Prüfung bekommst du Fotos mit Vorschlägen für das Gespräch. Du kannst aber auch über eigene Ideen sprechen.
Du hast vor der Prüfung 10 Minuten Vorbereitungszeit. Dann sprichst du mit einem Prüfer / einer Prüferin.

Wo?

A: im Garten   B: am See

Essen?

C: grillen   D: Schokolade

Was?

5 x 1 = 5

____/5

____/50

E: Fußball spielen   F: tanzen   G: schwimmen

einundvierzig   41

13 TEST

Hören

1 a Hör die Wegbeschreibungen und zeichne die Wege in den Plan ein.

b Hör noch einmal und ergänze die Wörter *links*, *rechts* und *geradeaus*.

Weg 1: Du gehst _geradeaus_ zur Schulstraße. Dann gehst du _____ zum Krankenhaus und _____ in die Poststraße. Dann gehst du wieder _____ zur Theaterstraße und _____ ist das Museum.

Weg 2: Du gehst _____ zum Wald. Dann gehst du wieder _____ und _____ zur Schulstraße. Dann musst du wieder _____ gehen. Dann ist _____ der Park.

2 Wohin fahren die Personen im Urlaub? Hör das Gespräch und notiere für jede Person zwei Orte mit *an*, *in*, *nach* oder *zu*. Achte auf den Artikel.

Tim	Sarah	Anika	Christian	Lena
nach	_____	_____	_____	_____
ans	_____	_____	_____	_____

Lesen

3 Mein Traumurlaub. Ergänze die Wörter.

> billig • Discos • Eiscafé • Essen • ~~Hotel~~ • jung • lustig • regnet • Sonne • Spaß • warm • Meer • Wetter

Ich fahre nach Hawaii und wohne in einem tollen _Hotel_. Es gibt dort drei Pools, zwei _____, vier Restaurants und ein _____. Das _____ schmeckt prima und ist _____. Das _____ ist schön, die _____ scheint und es ist _____, aber nicht heiß. Es _____ nie! Das _____ ist super und man kann toll schwimmen. Die Leute hier sind alle _____ und _____. Wir haben viel _____ zusammen.

13

Fit 4 Lies bitte die Anzeige aus der Zeitung. Kreuze an: a, b oder c.

Lust auf ein Wochenende in Berlin?

Dann mach eine Tour mit uns. Wir sind eine Reisefirma für Jugendliche – deine Eltern bleiben zu Hause!
Wir fahren von Freitagmorgen bis Sonntagabend. Hotels sind uns zu teuer, deshalb gehen wir auf den Campingplatz. Unser Programm? Am Freitag fahren wir zu den Highlights von Berlin und abends gehen wir ins Jugendtheater, am Samstag besuchen wir ein Museum und viele Shops.

Am Abend fahren wir mit dem Schiff auf der Spree und machen eine Disco. Am Sonntag habt ihr frei! Die Rückfahrt ist um 15 Uhr.

› Kosten:
  150 Euro mit Frühstück.
› Anmeldung:
  online bis zum 15. Juni.

In der Prüfung gibt es zwei Anzeigen und insgesamt sechs Aufgaben.

Beispiel: Für wen ist das Angebot?

- [A] Für Eltern.
- [B] Für Familien.
- [X] Für Schüler.

1. Wo schläft man?
   - [A] In einem Hotel.
   - [B] In einem Zelt.
   - [C] Bei Familien.

2. Am Samstagabend kann man
   - [A] einkaufen.
   - [B] ins Theater gehen.
   - [C] tanzen.

3. Wann hat man frei?
   - [A] Am Freitag am Abend.
   - [B] Am Sonntag am Vormittag.
   - [C] Am Sonntag um 15 Uhr.

3 x 1 = 3
____/3

5 Wohin? Ergänze *an, ans, in, nach* und *zu*.

1. Kolja fährt im Sommer _zu_ seinem Onkel _____ die Nordsee.
2. Frau Müller will _____ die Türkei _____ Meer fliegen. Sie liebt die Sonne und das Meer.
3. Robbie fährt _____ einem Freund _____ Berlin. Dort gibt es tolle Konzerte.
4. Nadja und Jannik fahren _____ die Berge _____ die Schweiz. Nadja hat keine Lust!
5. Pia möchte _____ den Bodensee fahren. Ihre Oma wohnt dort.

8 x 0,5 = 4
____/4

6 Welche Form ist richtig? Kreuze an.

ulli14: Wo war ☐ warst ☐ wart ☐ du in den Ferien?

kitkat: Ich war ☐ waren ☐ wart ☐ in Wien.

ulli14: Warst ☐ Waren ☐ Wart ☐ ihr im Hotel?

kitkat: Ja, ich hat ☐ hatte ☐ hatten ☐ ein tolles Zimmer. Wo war ☐ warst ☐ wart ☐ ihr denn?

ulli13: Wir war ☐ waren ☐ wart ☐ zu Hause. **kitkat:** Oh, warum das denn?

ulli13: Meine Eltern hatte ☐ hatten ☐ hattet ☐ keinen Urlaub.

7 x 1 = 7
____/7

13

Schreiben

7 a Schreib zu den Fragen eine Postkarte an einen Freund / eine Freundin.

Hallo _____,
die Ferien sind _____
_____
_____
_____
_____
_____
_____

Viele Grüße
_____

*Wie sind die Ferien?
Wo machst du Urlaub?
Mit wem bist du dort?
Wie ist das Wetter?
Wo wohnst du und wie ist es dort?
Wie ist das Essen?
Was machst du dort?*

b Ein Horrorurlaub. Schreib einen Text wie in Aufgabe 3.

_____
_____
_____
_____

Sprechen

8 a Über die Ferien sprechen. Ordne das Gespräch. Kontrolliere mit der CD.

Person A:
1. Wohin fährst du in den Ferien? _D_
2. Und wer fährt noch mit? ___
3. Wann fahrt ihr? ___
4. Und was macht ihr da? ___
5. Ich bleibe zu Hause. ___
6. Hier ist das Wetter auch schön. ___

Person B:
A Warum fährst du nicht weg?
B Stimmt, hier scheint auch die Sonne.
C Wir schwimmen, spielen und lesen. Und du?
D Ich fahre an die Nordsee.
E Meine Mutter und meine Schwester.
F Am Sonntag.

b Du bist Person B. Hör Person A auf der CD und sprich die Sätze von B.

____/50

44   vierundvierzig

TEST 14

Hören

1 a Alle sind krank. Wem tut was weh? Hör die Gespräche.

1. Anna: _der_____
2. Kevin: _____
3. Victoria: _____
4. Nora: _____
5. Enno: _____

2 Miriam ist oft müde. Welche Tipps hat Enno für sie? Kreuze an. Drei Aktivitäten passen nicht.

Lesen

3 Gesund leben mit einem Wochenplan. Was passt? Ordne die Sätze zu.

1. Alex möchte gesund leben und jeden Tag Bewegung haben.
2. Er ist sehr gern im Wasser.
3. Er ist gern im Park.
4. Er findet, Sport macht zu zweit viel Spaß!
5. Jeden Tag isst er Obst und Gemüse.
6. Er arbeitet in einem Hotel. Das Hotel ist sehr groß.
7. Nicht nur Sport ist Bewegung!
8. Mit dem Auto braucht er 10 Minuten zum Kino.

A Am Dienstag joggt er eine Stunde.

B Alex nimmt immer die Treppen.

C Mit einem Freund spielt er einmal pro Woche Tennis.

D Er macht einen Wochenplan.

E Er geht zu Fuß. Das dauert eine halbe Stunde.

F Am Samstag räumt er zwei Stunden auf und bringt den Müll runter.

G Er fährt oft mit dem Fahrrad zum Markt und kauft Äpfel und Salat ein.

H Am Montag geht er ins Schwimmbad.

14

4 Du findest in einer Jugendzeitschrift folgende Bildgeschichte. Der Text zur Geschichte ist leider durcheinander. Schau dir die Geschichte genau an und ordne die Textteile (1–6). Textteil 1 haben wir für dich schon gefunden.

____ Auf dem Sofa zu Hause trinkt Pia eine Tasse Tee. Plötzlich merkt sie etwas: Plato ist nicht zu Hause!

____ Das Wetter ist sehr schlecht. Pia und Plato können nicht mehr weitergehen. Deshalb ruft Pia ihre Mutter an.

_1_ Die Sonne scheint und es ist warm. Pia hat Zeit und geht mit Plato spazieren.

____ Pias Mutter ist schnell da und nimmt Pia mit nach Hause. Aber Plato vergessen sie im Wald. Er ist jetzt ganz allein.

____ Pia und Plato sind krank. Pias Mama bringt Getränke und Essen.

____ Das Wetter ist wieder schön, es regnet nicht mehr. Pia will Plato sofort suchen. Aber Plato ist schon da. Er kennt den Weg nach Hause.

5 x 1 = 5
_____/5

5 Ergänze die Personalpronomen im Akkusativ.

● Hast du am Wochenende Zeit? Besuch _mich_ doch mal.   ○ Gern. Wann denn?

● Ich weiß nicht. Ich rufe _____ morgen an.   ○ Vielleicht möchte Sofia auch kommen?

● Kannst du _____ fragen?   ○ Ja, das mache ich. Ich kann Kuchen für _____ alle mitbringen.

● Super Idee! Mein Vater kann _____ am Bahnhof abholen.   ○ Echt?

● Ja, das ist kein Problem für _____ .

5 x 1 = 5
_____/5

6 Was für Schmerzen haben die Personen? Was tut ihnen weh? Ergänze.

1. Ich spiele drei Stunden am Computer, deshalb _habe ich Kopfschmerzen._
2. Meine Mutter muss zum Zahnarzt. Sie _____
3. Mein Vater spielt schon drei Stunden Klavier. Jetzt _____
4. Mein Bruder isst sehr viel Schokolade. Deshalb hat er oft _____
5. Meine Schwester läuft 20 Kilometer, deshalb _____
6. Meine Tante sieht nicht gut. _____

5 x 1 = 5
_____/5

Schreiben

7 Ordne die Wörter zu und ergänze den Artikel und den Plural.

1. das Auge, Augen
2. ____ O _____
3. ____ N _____
4. ____ Z _____
5. ____ A _____
6. ____ H _____
7. ____ F _____
8. ____ B _____
9. ____ F _____
10. ____ B _____
11. ____ H _____
12. ____ K _____

8 Ein schlechter Tag. Schreib die Sätze mit Genitiv

1. Anton / Kopf /weh tun / .   Antons Kopf tut weh.
2. Pia / Musik / zu laut sein / .
3. Frau Müller / Aufgaben / schwer sein / .

9 Lies die Mail und schreib eine Antwort. Gib Kim vier Tipps.

Hallo,
ich brauche deine Hilfe. Ich bin immer soooo müde und will nicht lernen. Was kann ich machen? Hast du Tipps für mich?
Viele Grüße
Kim

Liebe Kim,

das ist ganz einfach. Du musst Sport machen und ...

Sprechen

10 a Ordne das Gespräch. Hör dann zur Kontrolle.

- ☐ Danke, Frau Doktor.
- ☐ Und hast du auch Ohrenschmerzen?
- ☐ Gute Besserung, Henrik.
- ☑ Hallo Henrik. (1)
- ☐ Ja, sehr.
- ☐ Mein Kopf tut weh.
- ☐ Was fehlt dir denn?
- ☐ Guten Tag, Frau Doktor.
- ☐ Aha, Kopfschmerzen. Tut der Hals auch weh?
- ☐ Nein, meine Ohren sind okay.
- ☐ Auf Wiedersehen.
- ☐ Ich verstehe. Dann nimm die Tabletten und trink viel Tee.

b Markiere in 10a alle Sätze von Henrik. Hör dann die Ärztin noch einmal und sprich Henrik.

15 TEST

Hören

1 a Was macht Anna wo? Hör das Gespräch und ordne zu.

1. Musik hören
2. Hausaufgaben machen
3. schlafen
4. lesen
5. E-Mails schreiben
6. Zähne putzen

A in Mamas Zimmer
B im Wohnzimmer
C in der Küche
D im Flur
E im Garten
F in Annas Zimmer

5 x 0,5 = 2,5
_____/2,5

b Wer ist wo? Hör das Gespräch und notiere die Orte. Achte auf die Präposition und den Artikel.

die Berge • ~~das Internat~~ • die Nordsee • der Garten • die Großeltern • die Ostsee

Mario: *im Internat*

Lisa: _____

Tante Barbara: _____

Onkel Thomas: _____

Onkel Florian: _____

Anna und Sophia: _____

5 x 1 = 5
_____/5

2 Situation: Du hörst jetzt fünf Schülerinnen und Schüler. Hör gut zu und kreuze die richtigen Antworten an. Pro Person gibt es nur eine Antwort. Du hörst die Texte ein Mal.

Wo ist dein Lieblingsort?

	am Meer	am See	im Park	im Garten
Text 1	☐	☐	☐	☐
Text 2	☐	☐	☐	☐
Text 3	☐	☐	☐	☐
Text 4	☐	☐	☐	☐
Text 5	☐	☐	☐	☐

5 x 1 = 5
_____/5

48   achtundvierzig

Lesen

3 a Lies die Einladung und kreuze die richtige Antwort an.

Hi Leute,
am Samstag habe ich Geburtstag und möchte das mit euch feiern. Mein Onkel hat eine Ferienwohnung am See und dort ist auch die Party. Die Party beginnt am Samstag um 17 Uhr. Zuerst können wir im See schwimmen. Mein Onkel grillt dann um 19 Uhr für uns und mein Bruder hilft auch.
Wo feiern wir? In Seedorf, Rosenweg 25. Ihr könnt mit dem Fahrrad fahren. Das dauert circa 30 Minuten. Oder fahrt mit der S-Bahn 7 bis Seedorf und geht vom Bahnhof zu Fuß. Vom Bahnhof geht ihr links zur Schillerstraße, dann rechts bis zum Marktplatz und dort wieder rechts bis zum See. Am See müsst ihr links gehen und dann seht ihr schon das rote Haus. Da feiern wir!
Wir können auch dort schlafen. Bitte bringt dann einen Schlafsack mit und sagt mir Bescheid. Ich freue mich schon!
Eure Miriam

	richtig	falsch
1. Die Party ist am Wochenende.	☒	☐
2. Miriam feiert ihren Geburtstag nur mit der Familie.	☐	☐
3. Die Party ist an einem See.	☐	☐
4. Die S-Bahn braucht 7 Minuten bis Seedorf.	☐	☐
5. Vom Bahnhof geht man eine halbe Stunde zum See.	☐	☐
6. Die Freunde müssen am Abend nicht zurück fahren.	☐	☐

b Lies die Wegbeschreibung in 3a noch einmal und zeichne den Weg auf der Karte ein.

4 Ergänze die Präpositionen *am, auf, bei, im, in* und *mit*.

Marco wohnt _mit_ seiner Mutter in Klagenfurt. Das ist _____ Österreich _____ Wörthersee.

Sie wohnen _____ einer kleinen Wohnung mit Balkon. Am Wochenende fahren sie oft _____

die Berge – im Sommer wandern sie dort und im Winter fahren sie Ski. Marco trifft seine

Freunde abends _____ Park oder _____ dem Sportplatz. Sie spielen Fußball oder sitzen

_____ der Bank und hören Musik.

Marcos Großeltern wohnen auch in Klagenfurt. Seine Mutter arbeitet viel, deshalb ist Marco

manchmal _____ seinen Großeltern und isst dort. Dann sitzen sie auch _____ Garten

_____ der Sonne und er macht Hausaufgaben. Es geht ihm dort sehr gut.

5 Schreib die Sätze im ihr-Imperativ.

1. kommen / heute Abend / zu mir / ! _Kommt heute Abend zu mir!_
2. mitbringen / bitte / Getränke und Essen / ! _____
3. klingeln / bei Schuhmann / ! _____
4. anrufen / mich / bald / ! _____

Schreiben

6 Schreib die Wörter richtig und ergänze den Artikel.

1. HOWNRIMMEZ   _das Wohnzimmer_   6. TEBT   _____
2. FLASCHRIMMEZ   _____   7. ISCHT   _____
3. KEÜCH   _____   8. GALER   _____
4. DAB   _____   9. PALME   _____
5. TETTELOI   _____   10. KRANSCH   _____

7 Wie wohnst du? Schreib die Antworten in ganzen Sätzen.

Wie viele Zimmer habt ihr? _Wir_ _____
Was gibt es in deinem Zimmer? _____
Wo machst du deine Hausaufgaben? _____
Wo frühstückt ihr? _____
Was ist dein Lieblingsplatz? _____

8 Schreib eine Antwort auf die Einladung in Aufgabe 3. Sag Miriam zu oder ab.

Hallo Miriam!
_____
_____
_____

Sprechen

9 a Stell Fragen zu den Wörtern auf den Karten. Achte auf das Thema.

Thema: Kleidung — einkaufen
Thema: Kleidung — auf dem Schulfest
Thema: Wohnen — Garten
Thema: Wohnen — Zimmer

b Hör zwei Fragen auf der CD und antworte frei.

In der Prüfung antwortest du auf die Fragen von deinem Partner / deiner Partnerin.

Welche Farbe …?   Mein …

TEST 16

Hören

1 Was sind die Lieblingsfeste von Nora, Marco, Frau Krüger und Herrn Krüger? Schreib die Namen.

_____   Nora   _____   _____

2 Hör die Beschreibungen. Über was sprechen die Personen? Notiere das Wort.

Wort 1: die Jeans _____   Wort 4: _____

Wort 2: _____   Wort 5: _____

Wort 3: _____   Wort 6: _____

Lesen

3 Lies die Postkarte und kreuze die richtige Lösung an.

Hi Emil,

viele Grüße aus Köln! Ich besuche hier gerade allein meinen Bruder und wir feiern zusammen Karneval. Mein Bruder hat ein tolles Kostüm, er ist ein Papagei! Das sieht echt lustig aus. Aber ich ziehe meine Jeans und meinen Pullover an. Ich feiere lieber ohne Kostüm.
Heute gehen wir in ein Restaurant und dann zu einer Party von Freunden. Morgen fährt mein Zug schon um neun Uhr zurück. Und am Montag ist schon wieder Schule! Ich muss noch für die Mathe-Prüfung lernen, aber im Zug habe ich viel Zeit. Die Hausaufgaben habe ich zum Glück schon. Und das Bio-Projekt ist auch fertig.

Viele Grüße

Vasili

1. Vasili …
   - [A] wohnt in Köln.
   - [X] besucht einen Verwandten.
   - [C] ist mit seinen Eltern in Köln.

2. Sie feiern zusammen …
   - [A] Silvester.
   - [B] Weihnachten.
   - [C] Fasching.

3. Wer hat ein Kostüm?
   - [A] Vasili.
   - [B] Vasilis Bruder.
   - [C] Vasili und sein Bruder.

4. Vasili bleibt noch …
   - [A] einen Tag.
   - [B] zwei Tage.
   - [C] neun Stunden.

5. Vasili muss im Zug …
   - [A] Hausaufgaben machen.
   - [B] ein Projekt vorbereiten.
   - [C] lernen.

16

4 Situation: Du liest in einer Jugendzeitschrift folgenden Text. Der Text hat fünf Lücken. Finde für jede Lücke das passende Wort und schreib es hinein! Achtung: Es gibt zwei Wörter zu viel!

Wörter: wohnt, hat, ~~Kinder~~, Tiere, Einladung, Geschichten, kaufen, heißt

Janosch ist in Deutschland, Österreich und in der Schweiz sehr bekannt. Er schreibt Geschichten für **Kinder** (0). Eine Geschichte _____ (1) „Oh, wie schön ist Panama". Viele Menschen kennen Janoschs _____ (2) und mögen seine Zeichnungen. In Janoschs Büchern sind immer viele Bilder. Oft zeichnet Janosch _____ (3), zum Beispiel Tiger oder Hunde. Man kann auch Postkarten oder Poster mit Janoschs Bildern _____ (4). Die Bilder sind sehr süß – und lustig! Janosch schreibt aber auch Geschichten für Erwachsene, zum Beispiel für das Theater. Er _____ (5) in Spanien, auf der Insel Teneriffa.

5 × 1 = 5
____/5

5 Lies den Text. Wie heißt die richtige Form? Kreuze an.

Hallo, [X] mein [B] meine Name ist Svenja und ich komme [A] aus [B] von Hamburg. Ich [A] bin [B] war 15 Jahre alt und gehe [A] auf [B] in die Klasse 9b. [A] Meine [B] Meinen Freunde und ich machen gern Sport. Ich treffe [A] sie [B] euch oft am Nachmittag oder [A] am [B] im Wochenende. Fußball gefällt [A] mich [B] mir sehr gut. Aber ich [A] mag [B] mögen auch Basketball. Wir spielen manchmal Basketball [A] im [B] in der Park. In den Ferien fahren wir oft [A] an [B] in den See und schwimmen. Leider habe ich [A] kein [B] keinen Haustier. [A] Unser [B] Unsere Wohnung ist klein, deshalb haben wir [A] kein [B] keinen Platz. Kommst du [A] dich [B] mich mal besuchen?

14 × 0,5 = 7
____/7

6 Schreib Sätze. Achte auf die Verben und die Endungen

1. Tom / wollen / besuchen / morgen / Großeltern / seine / .
   Morgen will Tom seine Großeltern besuchen.

2. die Großeltern / wohnen / ein Haus / in / die Stadt / in / .
   _____

3. Er / müssen / fahren / der Bus / mit / eine halbe Stunde / .
   _____

4. Tom / möchten / treffen / Freunde / sein / am Abend / .
   _____

5. Sie / das Schulfest / am Wochenende / feiern / und / vorbereiten / viel / müssen / .

4 × 1 = 4
____/4

52 zweiundfünfzig

Schreiben

7 Welche Wörter passen noch? Ergänze drei Wörter.

1. Montag, Dienstag, _Mittwoch_ _____ _____
2. Januar, Februar, _____ _____ _____
3. Hund, Katze, _____ _____ _____
4. Vater, Tochter, _____ _____ _____
5. blau, gelb, _____ _____ _____

$14 \times 0{,}5 = 7$

___/7

8 Schreib eine Mail an einen deutschen Freund / eine deutsche Freundin. Beschreib deinen Wohnort: Was kann man dort machen? Und was möchtest du gern in Deutschland sehen? Warum?

Hallo...

$5 \times 1 = 5$

___/5

Sprechen

9 Hör die zehn Fragen auf der CD und antworte frei. Antworte in ganzen Sätzen.

58

Nimm dich mit dem Handy auf und hör dann deine Aufnahme. Was gefällt dir? Was musst du noch üben?

$10 \times 1 = 10$

___/10

___/50

Lösungen

1

1 Jonas Huber, 11 Jahre; Anna Neumann, 12 Jahre
2a R – V – C – I – Z – H
2b Chiara – Akseli – Keiko – Elijah – Milena
3a 14 – 9 – 18 – 12 – 3 – 20
3b *Finn:* 0144 38 84 62; *Laura:* 38 19 13; *Jonas:* 159 67 35; *Anna:* 0155 697 85 12; *Frau Huber:* 0182 75 46 28
4 1. richtig, 2. falsch, 3. richtig
5a 2. Guten Abend, 3. Entschuldigung, 4. Gute Nacht, 5. Herzlich willkommen, 6. Guten Morgen, 7. Auf Wiedersehen
5b 1D, 2C, 3F, 4E, 5A, 6B
6 eins, vier, sechs, zwanzig, acht, zehn, elf, zwölf
7 12 zwölf, 20 zwanzig, 5 fünf, 16 sechzehn, 0 null, 2 zwei, 17 siebzehn, 6 sechs
8a 1. Ich bin Nora. 2. Mein Familienname ist Huber. 3. Ich bin vierzehn Jahre alt. 4. Lukas ist mein Freund. 5. Wie heißt er?
8b 1. Wie heißt du? 2. Wer ist das? 3. Wie buchstabiert man das? 4. Wie alt bist du? 5. Wie ist deine Telefonnummer?

2

1 1A, 2B, 3A, 4B, 5A, 6B, 7B
2a 2. 54, 3. 76, 4. 39, 5. 17, 6. 81, 7. 98, 8. 60
2b 2. vier, 3. zweiunddreißig, 4. achtzehn, 5. zwölf, 6. sechsundfünfzig
3a 1. gehst; 2. gehe, lerne; 3. heißt, heißt, hat, mag; 4. kennst, kenne, Magst; 5. Hast, habe
3b 2. heißt, 3. gehe, 4. mag, 5. haben, 6. Kennst
4 2. der, Computer, B; 3. die, Brillen, F; 4. der, Bleistifte, E; 5. der, Rucksäcke, D; 6. das, Hefte, A; das, Handys, C
5 1. mein, 2. deine, 3. deine, 4. meine, 5. dein
6 2. Hast du drei Lehrer? 3. Ist das dein Handy? 4. Sind das deine Freunde? 5. Kennst du Pia?
7 1. Der Hund ist von Pia. 2. Die Tasche ist von Robbie. 3. Die Nummer ist von Nadja. 4. Die Katzen sind von Frau Müller.
8 *Beispiel:* Hallo Nora! Ich heiße Sandro. Ich bin dreizehn Jahre alt. Ich gehe in die Kasse 7c und lerne Französisch und Deutsch. Ich mag Tennis. Und ich mag Musik: Hiphop ist toll! Tschüs Sandro

3

1a aus Japan, aus Österreich, aus Brasilien, aus Kenia, aus den USA
1b 2B, 3A, 4A, 5A, 6B, 7A
2a 2. die Türkei, 6. die Schweiz, 8. die Ukraine, 9. die USA
2b *Irina:* Ukraine, Kiew, 6a, 12 Jahre; *Ben:* Australien, Sydney, 6d, 11 Jahre
3 5 – 3 – 10 – 1 – 9 – 2 – 4 – 8 – 7 – 6
4a 1. kein, eine; 2. ein, ein; 3. kein, ein; 4. –, keine; 5. –, keine –
4b *von links nach rechts:* Türkei, USA, Afrika, Italien, Japan, Deutschland, Australien; *von oben nach unten:* Amerika, Europa, Asien, Kenia
5 1. aus, in, in; 2. aus den, in; 3. aus, in; 4. in, in; 5. in
6b 2. Das ist kein Tennisball, das ist ein Fußball. 3. Das ist kein Hund, das ist eine Katze. 4. Das ist kein Buch, das ist ein Heft. 5. Das ist keine Brille, das ist eine Schere. 6. Das ist keine Schokolade, das ist ein Kuchen.

4

1 *Luis:* Bild D und A; *Maria:* Bild B und E; *Thomas:* Bild F, C und D; *Frau Milan:* Bild A und D
2 1B, 2B, 3A, 4B, 5A
3 2. singe; 3 Tanzt, tanzen; 4. surfen, 5. kocht, kocht; 6. schwimmen, spielt
4 2C, 3A, 4E, 5F, 6B
5 2. Marco, 3. Katja, 4. Marco, Andreas Funk; 5. Andreas Funk; 6. Marco; 7. Katja; 8. Pauline Becker; 9. Marco, Katja; 10. Pauline Becker, Anna
6 2. Woher kommen Sie? 3. Wie alt sind Sie? 4. Haben Sie Kinder? 5. Können Sie kochen?
7 2. Nadja und Jannik haben keinen Hund. 3. Frau Stellfeld ist keine Lehrerin. 4. Frau Stellfeld kann nicht kochen. 5. Kai Hübner wohnt nicht in Berlin. 6. Er hat kein Kind. 7. Brigitte kommt nicht aus der Schweiz.
8 2. Nein, ich komme nicht aus Deutschland. Ich komme aus …, 3. Nein, ich bin nicht zwanzig Jahre alt. Ich bin …, 4. Nein, ich wohne nicht in Berlin. Ich wohne …, 5. Nein, meine Telefonnummer ist nicht 123123. Meine Telefonnummer ist …

5

1 1B, 2A, 3A, 4B
2 1C, 2B, 3B, 4C
3 frühstückt, 2. telefoniert, 3. kocht, 4. macht, 5. übt/spielt, 6. duscht, schläft
4 steht … auf; ruft … an; holt … ab; kauft … ein
5 2. Es ist halb acht. – der Morgen, 3. Es ist zehn vor eins. – der Mittag, 4. der Nachmittag, 5. Es ist achtzehn Uhr neunundvierzig. – der Abend, 6. Es ist sechs Uhr achtundfünfzig. – der Morgen
6 2. Er frühstückt in der Schule. 3. Am Vormittag lernt er Deutsch. / Er lernt am Vormittag Deutsch. 4. Um zwei Uhr telefonieren Paul und Kolja. / Paul und Kolja telefonieren um zwei Uhr. 5. Sie kaufen am Nachmittag zusammen ein. / Am Nachmittag kaufen sie zusammen ein. 6. Paul duscht am Abend. / Am Abend duscht Paul.

6

1a *Corinna:* Mathe ☹; *Florian:* Englisch ☺ – Kunst ☹; *Laura:* Französisch ☺ – Informatik ☹
1b 1. schwimmt, 2. kocht, 3. schläft, 4. arbeitet, 5. singt
2 Mo: Musik, Di: 2 x Latein, Mi: 1. Physik, 5. Geschichte, Do: 2 x Sport, Fr: Englisch
3 2. G, 3. S, 4. G, 5. S
4a 1. isst, 2. lese – Liest, 3. trifft, 4. fährt – fahren, 5. laufen – läuft
4b 2. sind, 3. Habt, 4. haben, 5. habe, 6. ist
5 Samstag, Mittwoch, Dienstag, Donnerstag, Freitag, Sonntag
6 *Beispiel:* Am Montag habe ich 2 Stunden Englisch und dann Mathe, Deutsch und Sport. Am Mittwoch haben wir Mathe, Geografie, Deutsch, Kunst und Französisch. Am Freitag hat meine Klasse Musik, Deutsch, Mathe, Chemie und Biologie
7 Unsere Lehrer, unser Deutschlehrer, eure Deutschlehrerin, euer Klassenzimmer, Unser Klassenzimmer, unser Sportplatz, Eure Klasse
8 *Beispiel:* Hallo, ich heiße Frido und ich bin 12 Jahre alt. Ich komme aus der Schweiz, aus Luzern, und ich gehe in die Klasse 7. Mein Lieblingsfach ist Chemie. Mathe mag ich auch gern. Kunst finde ich doof. Am Wochenende mache ich gern Computerspiele. Machst du auch gern Computerspiele? Viele Grüße Frido
9a+b *Beispiel:* Meine Schule heißt Inverness Academy.; Mein Lieblingsfach ist Deutsch.; Mathematik habe ich am Dienstag und am Donnerstag.; Ich finde, Mathe ist toll.

7

1 1A, 2B, 3C
2 1C, 2F, 3B, 4A, 5D
3 *Marco:* Computerspiele spielen, Tennis spielen, Aufkleber sammeln *Lisa:* Computerspiele spielen, reiten, im Café arbeiten, fernsehen *Herr König:* Tennis spielen, Flugzeuge basteln *Frau König:* Fahrrad fahren, fernsehen
4 1. …, Englisch; 2. Musik hören, Gitarre spielen, singen; 3. (seine Band hat ein) Konzert; 4. am Donnerstag am Nachmittag; 5. Englisch lernen
5 10 – 8 – 3 – 4 – 7 – 1 – 6 – 2 – 5 – 9
6 1. muss, 2. Wollt, müssen, 3. will, musst, 4. musst

7

2. Gib ihm Essen!, **3.** Kauf (Wasser) ein!, **4.** Sieh fern!, **5.** Lern Wörter!, **6.** Steh schnell auf!

8 *Beispiel:* Ich lerne auch Englisch und höre viel Musik auf Englisch. Du spielst in einer Band – das finde ich super! Ich komme gern zu deinem Konzert. Wann fängt das Konzert an? Am Donnerstag am Nachmittag habe ich keine Zeit, aber am Sonntag. Hast du am Sonntag Zeit? Viele Grüße Timo

9a *Mögliche Lösungen:* Wie viel Uhr ist es? Spiel mit dem Ball! Willst du Fahrrad fahren? Gib mir bitte einen Stift!

9b *Beispiel:* Hier, bitte.; Morgen können wir ins Schwimmbad gehen.; Nein, ich habe kein Heft.; Der Hund heißt Plato.; Hier, bitte.

8

1 *Carmen:* Schweiz, Deutsch, Portugiesisch, Französisch, Italienisch;
Nik: Österreich, Frankreich, Französisch, Deutsch, Englisch

2 … Fahrrad, dem Bus, dem Zug, der U-Bahn

3 1. mit dem Schlitten, 2. Josy, 3. Sonja, 4. mit dem Fahrrad, 5. Mike, 6. mit dem Bus

4a 1. Deutsch, 2. Polnisch, 3. Spanisch, 4. Italienisch, 5. Chinesisch, 6. Suhaeli, 7. Russisch, 8. Türkisch, 9. Englisch, 10. Französisch

4b sprechen, spricht, sprechen, man, spricht, man, spreche, Sprecht

5 2D, 3E, 4A, 5B

6 Das ist ihre Tasche. Das ist ihr Handy. Das sind ihre Schuhe. Das ist sein Heft. Das ist sein Brief. Das sind seine Bücher. Das ist seine Uhr.

7 *Beispiele:* 1. Ich bin Timo Brem und wohne in Basel. 2. Ich bin 13 Jahre alt. 3. Meine Schule heißt Albert-Einstein-Schule. 4. Am Wochenende spiele ich Fußball und ich mache Hausaufgaben. 5. Hast du eine Schwester oder einen Bruder?

8 *Beispiel:* 1. Meine Schule heißt Albert-Einstein-Schule. 2. Ich fahre mit dem Fahrrad zur Schule. 3. Das dauert 15 Minuten. 4. Mein Lieblingsfach ist Musik. 5. Ich spreche Englisch, Deutsch und Spanisch.

9

1 2. Jonas, 3. Jonas, 4. Jonas, 5. Anna, 6. Anna, 7. Anna

2 *Lied 1:* Anna ☹; *Lied 2:* Jonas ☺, Anna ☹; *Lied 3:* Jonas ☺, Anna ☹

3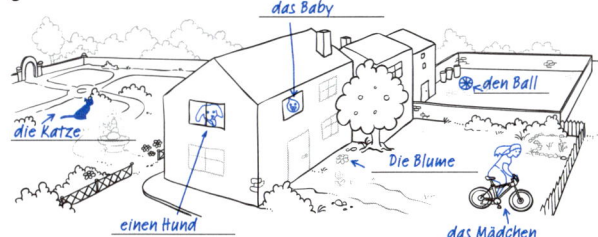

4 1. falsch, 2. richtig, 3. richtig, 4. richtig, 5. falsch, 6. falsch

5 romantisch, blöd, super, nett, langweilig, dumm, interessant, schön

6 1. den, die; 2. das, der, Den, Das; 3. das, den, Der; 4. das, das, die

7 *Beispiel:* 2. Ich koche nie. 3. Ich spiele manchmal Tennis. 4. Ich höre oft Musik. 5. Ich schlafe immer in der Nacht.

8 *Beispiel:* Timo33: Ich lese total gern. Bücher sind oft so interessant! Meine Freunde finden Bücher langweilig, aber das ist mir egal. Am Wochenende gehe ich auch gern ins Kino. Ich finde Jennifer Lawrence toll.

9 2. Tom mag Tiere, aber er hat keinen Hund. 3. Marias Eltern sind aus Italien, aber Maria spricht kein Italienisch. 4. Pia macht immer Hausaufgaben und sie lernt viel. 5. Nadja ist Pias Freundin, aber sie hat wenig Zeit für Pia.

10a *Beispiel:* Mein Lieblingslied heißt „Happy". Ich höre immer Musik. Ich spiele oft mit meinen Freunden Fußball. Am Wochenende koche ich manchmal.

10

1 2: Geschenke bekommen, 3: den Raum dekorieren, 4: gratulieren, 5: Kuchen essen, 6: eine Party feiern

2 2C, 3F, 4B, 5E, 6A

3 *Januar:* Mama, *Februar:* Oma, *März:* Opa, *April:* Kristina, *Mai:* Sarah, *Juni:* Andreas, *Juli:* Malina, *August:* Papa, *September:* Lumi, *Dezember:* Tim

4 1C, 2A, 3F, 4B, 5G, 6D

5 ein, keine, eine, einen, keine, einen, keinen, eine

6 *von links nach rechts:* (Dezember), November, September, Herbst, April, Juni, Januar, Oktober, Sommer; *von oben nach unten:* Frühling, Mai, Februar, März, Juli, (Winter), August

7 *Beispiel:* … zum Geburtstag, viel Glück! Feierst du heute? Ich feiere meinen Geburtstag immer am Wochenende. Dann haben meine Freunde Zeit. Am Morgen dekorieren wir den Garten und ich helfe meinen Eltern: Wir müssen Essen kaufen, Kuchen und Kakao machen, … Am Nachmittag kommen meine Freunde und wir feiern zusammen. Viele Grüße Mathis

8 1. Nadja kauft ein Geschenk für Jannik. 2. Nadja und ihre Mutter machen einen Kuchen. 3. Die Familie singt am Morgen ein Lied. 4. Jannik lädt viele Freunde zu seiner Party ein. 5. Jannik feiert am Nachmittag eine Party.

9 *Beispiele:* Ich heiße Mara. Mein Nachname ist Gasior. / Ich bin 12 Jahre alt. Mein Geburtstag ist im Mai. / Ich wohne in Jelenia Gora. Das ist in Polen. / Ich fahre mit dem Bus zur Schule. Das dauert 20 Minuten. / Am Wochenende spiele ich Saxofon und ich gehe in den Park. Dort treffe ich meine Freundinnen.

11

1 1E, 2B, 3D, 4C

2 1. richtig, 2. falsch, 3. falsch, 4. falsch, 5. richtig, 6. richtig

3 Bananen 1,70 €, Orangen 2,95 €, Salat 1,12 €, Butter 1,30 €, Käse 2,19 €, Brot 3,75 €,

4 11 – 10 – 1 – 4 – 8 – 5 – 6 – 3 – 7 – 2 – 9

5 2. trinkt, 3. ein (Fastfood-)Restaurant, 4. Bücher, 5. ihren, 6. für

6 will, braucht, gehen, Magst, findet, kauft, Nehmen, mögt, machen, schmeckt

7a 2. das Ei, Eier; 3. der Salat, Salate; 4. das Brötchen, Brötchen; 5. die Kartoffel, Kartoffeln; 6. der Fisch, Fische; 7. der Hamburger, Hamburger; 8. das Brot, Brote; 9. die Tomate, Tomaten; 10. die Wurst, Würste

7b 2. dem Markt, 3. in dem/im Buchladen, 4. in der Bäckerei, 5. im Kaufhaus, 6. im (Fastfood-)Restaurant

8 siehe Beispiel

9 *Beispiel: Name:* Mein Name ist Timo Brem. Ich heiße Timo Brem. *Alter:* Ich bin 13 Jahre alt. *Land:* Ich komme aus Deutschland. *Wohnort:* Ich wohne in Berlin. *Schule:* Meine Schule heißt Käte-Kollwitz-Gymnasium. *Sprachen:* Ich spreche Englisch, Deutsch und Spanisch. *Hobby:* Meine Hobbys sind Fußball und Filme sehen. Ich lese auch gern.

12

1a *Mario:* die Hose, das T-Shirt; *Anna:* das Kleid; *Mutter:* der Rock, die Bluse; *Vater:* die Jeans, der Pullover

1b *Mario:* … weiß; *Anna:* rot; *Mutter:* blau, grün; *Vater:* blau, braun

2 18 Uhr, Cola, Sporthalle, 0155–239781

3 6 – 9 – 3 – 1 – 4 – 10 – 5 – 7 – 2 – 8

4 1A, 2C, 3B, 4A

5 1. mir, 2. ihm, 3. ihnen, 4. euch, Uns

6 2. blau, 3. grün, 4. gelb, 5. braun, 6. grau, 7. schwarz, 8. weiß

7a *Beispiel:* 2. Beim Sport trage ich eine Hose und ein T-Shirt. Die Hose ist rot und das Hemd ist blau. 3. Bei einem Konzert trage ich eine Hose und ein Hemd. Die Hose ist weiß und das Hemd ist schwarz.

7b 2. Welche Hose findest du schön? 3. Welches Kleid steht Nadja gut? 4. Welche Bluse passt dazu? 5. Welcher Pullover ist modern?

8a *Beispiele:* 1. Foto G; 2. Ach nein, ich mag keine Würstchen! Aber wir können Gemüse grillen! Foto C; 3. Ja, sehr gern – ich liebe tanzen! Foto F; 5. Die Idee ist super! Foto B

8b siehe 8a; *weitere Beispiele:* Foto D: Wollen wir Schokolade kaufen?; Foto E: Wir können Fußball spielen. Wie findest du das?

13

1a

1b *Weg 1:* links, rechts, geradeaus, links; *Weg 2:* rechts, rechts, geradeaus, rechts, links

2 *Tim:* nach Griechenland, ans Meer; *Sarah:* nach London/England, zu einer Tante; *Anika:* an den Bodensee, zu Freunden; *Christian:* zu einem Freund, nach Paris; *Lena:* nach Österreich, in die Berge

3 Discos, Eiscafé, Essen, billig, Wetter, Sonne, warm, regnet, Meer, jung, lustig, Spaß

4 1B, 2A, 3B

5 1. an, 2. in, an das, 3. zu, nach, 4. in, in, 5. an

6 warst, war, Wart, hatte, wart, waren, hatten

7a *Beispiel:* Meine Familie und ich sind in Italien am Meer. Das Wetter ist immer schön und warm. Wir sind in einem Hotel. Das Hotel ist sehr groß und hat drei Pools. Das Essen ist leider nicht gut. Am Morgen schwimme ich und lese. Am Nachmittag spiele ich immer Tennis mit Mama und am Abend tanze ich in der Disco. Viele Grüße! Timo

7b *Beispiel:* Ich fahre nach Mallorca und ich will in mein Hotel gehen. Aber das Hotel ist voll. Ich muss am Meer schlafen. Dort ist es sehr laut und ich habe Rückenschmerzen. Das Wetter ist nicht gut. Es ist kalt und ich bekomme Halsschmerzen. Das Essen im Restaurant schmeckt gut, aber am Abend habe ich Bauchschmerzen und mir ist schlecht. Ich will nach Hause fahren, aber ich muss zwei Wochen dort sein!

8a 2E, 3F, 4C, 5A, 6B

14

1 1. der Hals; 2. der Bauch; 3. der Zahn; 4. der Kopf; 5. die Füße

2 joggen, den Müll runterbringen, in den Park gehen / spazieren gehen, den Hund mitnehmen,

3 2H, 3A, 4C, 5G, 6B, 7F, 8E

4 4 – 2 – 1 – 3 – 6 – 5

5 dich, sie, uns, euch, ihn

6 2. … hat Zahnschmerzen, 3. … tun ihm die Hände weh. / … tut ihm der Rücken weh / hat er Rückenschmerzen. 4. Bauchschmerzen, 5. … tun ihr die Füße weh. 6. Sie hat Augenschmerzen. / Die Augen tun ihr weh.

7 2. das Ohr, Ohren; 3. die Nase, Nasen; 4. der Zahn, Zähne; 5. der Arm, Arme; 6. die Hand, Hände; 7. der Finger, Finger; 8. das Bein, Beine; 9. der Fuß, Füße; 10. der Bauch, Bäuche; 11. der Hals, Hälse; 12. der Kopf, Köpfe;

8 2. Pias Musik ist zu laut. 3. Frau Müllers Aufgaben sind schwer.

9 *Beispiel:* … immer viel Bewegung haben. Du kannst im Park spazieren gehen. Im Park kannst du auch Wörter lernen. Vielleicht macht dir das dort Spaß? Viele Grüße! Janis

10a 10 – 7 – 11 – 1 – 6 – 4 – 3 – 2 – 5 – 8 – 12 – 9

10b *Hendrik:* 10 – 6 – 4 – 2 – 8 – 12

15

1a 2C, 3F, 4B, 5A, 6D

1b *Lisa:* bei den Großeltern, *Tante Barbara:* an der Ostsee, *Onkel Thomas:* an der Nordsee, *Onkel Florian:* in den Bergen, *Anna und Sofia:* im Garten

2 *Text 1:* am See, *Text 2:* im Park, *Text 3:* im Garten, *Text 4:* am Meer, *Text 5:* im Park

3a 2. falsch, 3. richtig, 4. falsch, 5. falsch, 6. richtig

3b

4 in, am, in, in, im, auf, auf, bei, im, in

5 2. Bringt bitte Getränke und Essen mit! 3. Klingelt bei Schuhmann! 4. Ruft mich bald an!

6 2. das Schlafzimmer, 3. die Küche, 4. das Bad, 5. die Toilette, 6. das Bett, 7. der Tisch, 8. das Regal, 9. die Lampe, 10. der Schrank

8 *Beispiel:* Hallo Miriam! Vielen Dank für deine Einladung. Ich feiere gern mit dir am Samstag. Kann ich etwas mitbringen? Viele Grüße Timo

9a *Beispiel:* Wo kaufst du deine Kleidung? Was ziehst du auf dem Schulfest an? Habt ihr einen Garten? Wie viele Zimmer hat eure Wohnung?

9b *Beispiel:* Mein Lieblings-T-Shirt ist blau. Nein, mein Schulweg ist kurz. Er dauert 10 Minuten.

16

1 Silvester: Marco, Ostern: Herr Krüger, Geburtstag: Frau Krüger

2 2. die Schule, 3. das Wochenende, 4. das Haustier, 5. der Geburtstag, 6. die Stadt

3 1B, 2C, 3B, 4A, 5C

4 1. heißt, 2. Geschichten, 3. Tiere, 4. kaufen, 5. wohnt

5 A: aus Hamburg, A: bin, B: in, A: Meine, A: sie, A: am, B: mir, A: mag, A: im, A: an, A: kein, B: Unsere, B: keinen, B: mich

6 2. Die Großeltern wohnen in einem Haus in der Stadt. 3. Er muss eine halbe Stunde mit dem Bus fahren. 4. Am Abend möchte Tom seine Freunde treffen. / Tom möchte am Abend … 5. Sie feiern am Wochenende das Schulfest und müssen viel vorbereiten.

7 1. …, Donnerstag, Freitag; 2. März, April, Mai; 3. *Beispiel:* Hamster, Pferd, Fisch; 4. *Beispiel:* Schwester, Sohn, Tante; 5. *Beispiel:* grün, schwarz, grau

8 *Beispiel:* Hallo Lisa, wie geht es dir? Ich wohne in … . Meine Stadt ist sehr klein, man kann nicht viel machen. Wir haben ein Museum, ein Theater und ein Schwimmbad. In das Schwimmbad gehe ich oft, aber das Theater finde ich langweilig. Wir haben auch einen Park und es gibt einen See. Im Sommer ist das toll. In Deutschland möchte ich gern nach Berlin und nach Hamburg. Ich möchte alles sehen und viel Deutsch sprechen. Berlin ist toll, dort gibt es viele Geschäfte und Museen. In Hamburg ist die Alster, die möchte ich gern sehen. Viele Grüße! Timo

9 *Beispiel:* Ich heiße Lisbeth. Ich bin 15. Ich wohne in Göteborg. Ich spreche Schwedisch und Englisch und ich lerne Deutsch. Mein Deutschlehrer heißt Martin Frühegger. Am Morgen stehe ich immer um 6 Uhr 30 auf. Ich frühstücke um 7 Uhr und um 10 Uhr 15 – da ist Pause. Ich höre nicht oft Musik. Ich habe kein Lieblingslied, aber „Hello again" finde ich okay. Am Wochenende reite ich immer.